目 录

缘　起

一、作为主持人的我

我是CCTV—6电影频道的主持人，最早主持《流金岁月》节目，这个节目是介绍中国经典电影的栏目，展示的是新中国成立以来老一辈艺术家和他们的电影。从1996年一直主持到2014年，一共是18年，此期间我的身份也是多元和不断变化。先是主持人，然后主持人兼编导，后来是主持人兼制片人。在一个电视台的栏目当中，最有话语权的是制片人，另外是主持人，但当这两个身份同时在一个人身上的时候，个人的符号和作用是巨大的，同时也是需要承载压力的。《流金岁月》在它存在的18年中创造了很高的收视率，有很广泛的受众群，直到现在观众还不断念叨着这个节目，那就说明这个节目还是有它存在的价值和意义，这让我感到很欣慰。

二、拍摄纪录电影《演员》的初心

2014年《流金岁月》栏目暂停，节目停得比较突然，但我还是尊重了领导的决定，并投入全部精力接手电影频道另外一个深受广大观众喜爱的栏目《佳片有约》。2020年9月，在郑州的金鸡百花电影节上，我发了一个田华老师与我握手的抖音，一时间引起了很多网友的关注。很多人问我："怎么《流金岁月》没了，我非常喜欢《流金岁月》。"这样的表达在《流金岁月》栏目停播后的一段时间经常被问到，从中我看到了观众对《流金岁月》栏目的不舍。我在郑州的拍摄是我的纪录电影《演员》，那一刻我能强烈地感觉到我在做一件对的事。纪录电影《演员》与《流金岁月》栏目是密不可分的，顺势而为，水到渠成。《演员》在2021年将走进电影院线。我作为这部影片的导演，在几年时间内，再次采访了数十位老艺术家，这次的愿望是将他们的风采呈现在大银幕上。

我是一个喜欢不断求新、求变或者跨界的人，然而我的这些尝试都始终在一个领域或者一个圈层内，没有特别的那种革命性的改变和突破，一切尽可能在我认为自己能驾驭的范围。

在2016年左右开始有了拍电影的想法：我做了这么多年电影主持人，跟电影、影人打交道这么多年，自己如果做一部电影的话，我最想拍什么？我问自己。其实有时候在你身边的风景是你最容易忽略的。一开始，还是走了一个弯路，想拍这想拍那，后来有一天我突然明白了，其实我应该拍摄这些老艺术家，这些随着新中国成长起来的第一批老一辈表演艺术家。当有这个想法之后，我就开始去了解他们的现状。但因为栏目停播的时间不短了，就没有原来那样的工作环境和语境，对他们最新的境况也不似之前那么了解。停了几年我也换了换脑子，当时我做的新栏目是《佳片有约》，介绍外国电影的，我把大量的精力投放到最新的外国电影的栏目制作当中。

《流金岁月》和《佳片有约》是电影频道两个王牌栏目，我也很荣幸做过这两个栏目的制片人，觉得职业生涯挺有意义。而且作为主持人不论转不转型，主持人职业本身带给你的一些综合素质，可能会在方方面面都得到发挥和历练，主持人、编导、制片人之间并不是割裂的。

当你具备某些素质的时候，这些东西在相关的领域也能够使你拓展的工作开展得非常顺利。但当我想拍这样一部记录电影、当我把目光投向他们的时候，心情还是略微有些沉重，因为我们发现时间是无情的，它在一直奔腾向前。我从一个20多岁的小伙子变成了一个中年人，当年的中年人变成了老年人，老年人变得更老，我感觉这件事变得很紧迫。

关于纪录电影《演员》

秦 怡

中国美人

当我决定拍摄这部纪录电影的时候，于蓝和秦怡进入到我的脑海，于蓝出生于 1921 年，秦怡出生于 1922 年，她们二位是这批艺术家中年纪最长的。在上海的秦怡也有几年没见了，她还好吗？

《流金岁月》栏目的样式是就一部经典电影展开聚首、回忆，所以之前无论是于蓝老师、秦怡老师或者任何电影人来到节目，主要都是回忆某部影片，比如于蓝聊《烈火中永生》、聊《革命家庭》，聊《龙须沟》；秦怡可能聊她演的《女篮 5 号》《铁道游击队》，但是并没有对这个人进行深入挖掘，而实际上，我对秦怡一直抱有一个愿望：做一期她个人的深度专访。

之前是栏目所限，每次谈完影片，主创们浓情相聚又匆匆分手，所以没有深度去采访，我一直觉得很遗憾。2013 年的时候，我预感到《流金岁月》接近尾声，我想用最后的时间去实现一些想法，我想到了秦怡。我们做了一个选题，类似"上海电影的前世今生"，重点是挖掘、采访在上海的老一辈影人，包括秦怡老师。那时秦怡在忙着筹拍电影《青海湖畔》，时间很紧，她不在上海，后来她跟我一直在对接时间，最后约好在北京的贵宾楼宾馆接受采访。

2013 年冬，我和秦怡老师先是在宾馆一起吃了早饭，我告诉她这次可以主要谈个人经历、人生的重要瞬间等等，包括也涉猎到她的爱情。交谈中已经感觉到她特别忙，2013年秦怡91岁，她正在筹备拍摄一部电影，故事片，她是编剧，又是女主角。这一点太让人感佩了：是什么样的动力使得91岁的她还想拍电影，而且是自己编剧和主演。70多岁的秦怡曾出版自传《跑龙套》，表达过对艺术、对电影无比的爱，也说过将来愿意死在舞台上之类的话，可看到她就在你身边，而且能真切感受到她如此兴奋地在为电影奔波、忙碌，我会觉得很受震动、很受鼓舞。

她给出的拍摄时间很短，我在她居住的贵宾楼饭店的客房内完成了采访，她的表述状态也非常好，语言表达非常清晰，遗憾的是没有时间展开谈。的确，这是一个很大的遗憾。

2013年，微信朋友圈诞生不久，那时候我有微信，但是没有发过朋友圈。那天我跟秦怡吃早饭的时候坐她对面，拿手机给她拍了一张照片。采访结束后，我把秦怡的照片发了出去，所以，我朋友圈的第一张照片就是秦怡。她在镜头前，微笑地看着我，她穿着红色的毛衣，有着银白的头发，那时候脸还圆圆的，依旧是大家印象中的老年秦怡。

配合图片，我发的文字就俩字儿：侬好。

那是对秦怡的祝福，也可以理解为是秦怡对所有爱她的观众的祝福。

这是我跟秦怡关于《流金岁月》的渊源，这次采访是《流金岁月》最后一次采访秦怡。

2017年了，我萌发了拍摄纪录电影《演员》的想法，我要做这件事情。我开始了筹备、走访，算一下，这部电影到了2021年与观众见面，历时5年时间，这就是纪录片的特点。

我平时一般不怎么跟老艺术家们有特别多工作以外的联系，我尊重每一位艺术家的个人空间，也鲜有嘘寒问暖。但毕竟20年的接触，彼此已有了一份深深的情感。

2017年夏天，我打电话给秦怡，告知她我要导演一部纪录电影，要以电影的方式呈现她。

秦怡电话那边说："好啊，你什么时候来？"

"现在就想过来拍摄您。"

"那不行……"

"怎么了？"

她说"我骨折了，摔了一跤"，然后说"过几个月你再联系我，那时再来拍好吧，我知道你的意思了"。

还是那个很爽朗、很直接、很乐观的一个老太太，一位老艺术家，但是放下电话，我心里还是担忧的。2017年，她95岁，已经完成那部叫《青海湖畔》的电影。95岁的高龄，骨折了，她自己还在那谈笑风生，没有意识到对于老年人来说骨折是一个很不简单的事情。我父母可能比秦怡老师小十几岁，但也是老年人，我会经常叮嘱他们：注意，走路注意些，防止骨折！这可能是我们作为子女，尤其像我们这种没有陪在父母身边的子女，对父母经常叮嘱的话。

很希望她的身体能够尽快康复。几个月内我没有去打扰她。我大概等了五六个月，在 2017 年年底，我再次拨通了秦怡的电话，可是，电话没人接，我挺担心的。过两天，再打，电话终于通了，接电话的是秦怡的女儿金老师，金老师也已经 77 岁的年纪了，她告诉我说"医生不让妈妈接电话"，我问"秦怡老师现在怎么样了？"她说"反正现在还不能下床，基本上这半年时间就是卧床，但是我妈妈精神头儿还是好的，她就为自己不能下床这个事有点苦恼。"

她告诉我秦怡当时住在上海浦东的一家医院，我当时心里还是放不下，马上问金老师"我们明天过来医院探望是否可以"，金老师犹豫了一下，说"那你来吧"。

我马上约了传媒大学的王田老师，她任《流金岁月》撰稿时也多次接触过秦怡，很关心她的身体状况。第二天一早我们就直接飞到上海虹桥，落地机场就直接打车到医院看望秦怡。

到了病房，我们看到秦怡，她在床上斜躺着。4 年未见了，由于卧床半年，脸瘦了许多。为了见我们，她还是画了一个淡淡的妆，依然非常漂亮，她就是那么爱美。她在床上，还解释说自己不下床了。我们不想打扰老人的休养，探望的时间不长，没超过 20 分钟。与秦怡老师寒暄、交流后金老师送我们出来，我又详细了解了一些细节。秦怡目前还是需要继续卧床休息。

虽然我特别希望我的纪录电影中能够出现秦怡，但，前提一定是她在一个很好的状态下，随着纪录电影已经开机，我感觉拍摄到秦怡的可能性已经越来越小了。

2018 年的时候，我为秦怡的身体康复进度以及是否能够拍摄到她往返上海多次，有时去医院拜访，有时候跟她女儿，外孙女见面了解，也有其他的上海朋友也在帮我想如何能够在纪录电影中展现秦怡。

转眼时间到了 2018 年的 11 月，有一天，我突然跟栏目组的一位小伙伴说，明天你跟我去一趟上海。然后，我跟这位小王同学就到了上海，我也不知道此行会有怎样一个结果，但也许我会根据此行做出一个决定。

到上海后的第二天，我就来到了医院，一进到秦怡所在的楼层，就看到阿姨正推着轮椅，轮椅上坐着我们热爱的秦怡，阿姨正推着秦怡在楼道里透透气。

阿姨认识我，但此刻的秦怡，似乎已认不出我了。我也没说话，看着她们。阿姨说，你唱个歌吧，她刚才也在哼歌呢。

在电梯旁狭窄的空间里，望着轮椅上的老太太，我低声哼唱起了秦怡参演的电影《铁道游击队》的插曲《弹起我心爱的土琵琶》，果然，秦怡也跟我简单地哼唱起来，我们以这样的方式完成了我们这一次对话。

阿姨非常称职，歌罢，她说：还是不要采访了。我点头。

我就这样离开了医院，但我很满足。下楼后我给一个上海朋友打电话，问他在干嘛。他说你在哪？我说我在华东医院楼下，刚刚看完秦怡，但准备明天回北京了。这位老朋友也很热情，说过来找我。

在等待这位朋友的时候，我给上海电影制片厂演员剧团的佟瑞欣团长打了个电话，告知他这次没有时间去剧团拜访了。佟团说，他明天刚好要去探望秦怡，但是用电影设备拍摄秦怡确实很困难，要不你拿手机简单记录下？

太感谢佟瑞欣了！在他的帮助下，我实现了用镜头记录下秦怡的愿望，这是我这部纪录电影很珍贵的部分。至于用什么样的设备，已经不重要了。

我们第二天去的时候，秦老师正在打点滴，坐在房间里，阳光照着她的头发，素颜，很恬然的一个状态，她其实不化妆也很漂亮，也有一种独特的风采，这是一位近百岁的长者，那种女性的美，打动了我们。我记录下了秦怡与佟瑞欣之间很轻松的问候与交谈，也许这就是纪录电影的意义。虽然秦怡已经无法完整地回答我们的提问，但看到她依旧健康、甚至依旧美丽，我已感欣慰。

于是我问她：人们都说您是中国最美丽的女演员，您同意吗？

秦怡：不同意啊。

我：为什么？

秦怡：还有不少缺陷。

后来，我一遍遍看着秦怡的采访素材，感慨万千。

20多年了，从第一次采访她，到这一次艰难的拍摄，时间从未停歇，秦怡也从未停歇。无论是她90多岁走上青藏高原拍摄《青海湖畔》，或是在《妖猫传》中扮演一位高龄宫女，或是在我的纪录电影《演员》中一次看似毫无准备的出镜，甚至她床头依旧摆放的她在创作的新的剧本……再联想到这几年对她的牵挂与追踪，那些没有被镜头记录下来的画面却丰富了我对她的了解与认知。

秦怡个人小传

姓　　名：秦怡（1922.01.31—　　）

原　　名：秦德和

民　　族：汉族

籍　　贯：江苏省高邮市

出 生 地：上海市

教育经历：上海中华职业学校商科（肄业）

职　　业：演员、编剧

电影作品：

1939：《好丈夫》

1943：《日本间谍》饰中国少女

1946：《遥远的爱》饰余珍

1947：《大地回春》

1947：《海茫茫》饰凌海珠

1947：《无名氏》饰赵国英

1949：《忠义之家》

1949：《母亲》饰陈素珍

1950：《农家乐》饰拉英

1951：《两家春》饰坠儿

1956：《马兰花开》饰马兰

1956：《哥哥和妹妹》饰妈妈

1956：《铁道游击队》饰芳林嫂

1957：《女篮 5 号》饰林洁

1958：《红色的种子》饰华小凤

1959：《林则徐》饰阿宽嫂

1959：《青春之歌》饰林红

1960：《摩雅傣》饰米汗、依莱汗

1964：《北国江南》饰银花

1975：《征途》饰关嫂

1976：《浪涛滚滚》饰钟叶平

1979：《苦恼人的笑》饰女演员

1979：《风浪》饰肖玉华

1979：《海外赤子》饰林碧云

1982：《张衡》饰桓夫人

1983：《倔强的女人》饰孟华

1984：《青山夕照》饰王秀（芳林嫂）

1987：《雷雨》饰鲁侍萍

1987：《闺阁情怨》饰朱勤丽

1991：《千里寻梦》饰田洁青

1993：《飞越，飞越》饰白碧茹

1993：《梦非梦》饰颜蔚

2008：《我坚强的小船》饰母亲

2010：《情醉富春江》饰文竹

2012：《遥远的约定》

2012：《三个未婚的妈妈》

2013：《幸福家味道》饰母亲

2013：《心曲》饰张光奶奶

2014：《毛泽东在上海1924》饰魏师母

2015：《王朝的女人.杨贵妃》饰虚谷道长

2015：《青海湖畔》编剧兼饰梅欣怡

2017：《妖猫传》饰老宫女

2018：《那些女人》老年水芹

2021：《演员》（纪录电影）

获奖记录：

1962：新中国"22大电影明星"

1983：第一届大众电视金鹰奖优秀女演员

1995："中华影星"称号

1995：中国电影世纪奖优秀女演员

2005：中国电影表演艺术学会金凤凰奖终身成就奖

2005："中国电影百年百位优秀演员"称号

2005："国家有突出贡献的电影艺术家"荣誉称号

2008：第十一届上海国际电影节华语电影终身成就奖

2009：中国电影金鸡奖终身成就奖

2012：华鼎奖中国电影终身成就大奖

2019："人民艺术家"国家荣誉称号

从艺经历：

秦怡 1922 年 1 月出生在上海南市的一个封建大家庭，自幼就对文艺产生了浓厚的兴趣，在上海中学实验小学读书的时候就自编自导自演了小话剧《刑》。在上海中华职业学校读商科的时候，在当时抗日热潮的影响下，秦怡参加了抗战请愿并在校友会上演出了话剧《放下你的鞭子》，结果被训导主任认定为"不安分的人"令她退学。1938 年 7 月，16 岁的秦怡跟随交大的一群学生前往武汉参加抗日活动。同年 10 月秦怡来到重庆，住在女青年会，靠刻钢板为生。一次和同伴看戏的偶然机会被导演史东山和应云卫发现，动员她于 1938 年底进入从武汉迁来的中国电影制片厂当实习演员。1939 年出演了史东山导演的电影《好丈夫》，扮演了一位送夫参军的妇女，从此走上了银幕。1941 年春，应邀和应云卫一起筹建"中华剧艺社"并出演了剧社的第一台戏《大地回春》，之后又在重庆、成都等地演出《面子问题》《天国春秋》《战斗的女性》《愁城记》《离离草》《茶花女》《钦差大臣》《桃花扇》《戏剧春秋》《结婚进行曲》等许多著名话剧，成为当时最受欢迎的演员之一，并与白杨、舒绣文、张瑞芳一起被称为抗战大后方的影剧舞台上的"四大名旦"。

抗战胜利后，秦怡和赵丹联合主演了话剧《清明前后》，然后回到了阔别 8 年的上海。在父亲和大姐病故的情况下，主动挑起了养家的生活重担，接连主演了《忠义之家》《无名氏》《遥远的爱》《母亲》等影片，其中《遥远的爱》轰动了上海。

新中国成立后进入上海电影制片厂并主演了上影首部故事片《农家乐》，之后的 60 多年中，先后在本厂和外厂主演出演了《两家春》

《马兰花开》《女篮五号》《铁道游击队》《林则徐》《青春之歌》《摩雅傣》《北国江南》《海外赤子》《倔强的女人》《雷雨》《青山夕照》《闺阁情怨》《王朝的女人·杨贵妃》《妖猫传》《那些女人》等影片，在银幕上塑造了众多性格丰富、复杂多变的妇女形象。"秦娘"是秦怡的一个雅号，吴祖光在随笔《秦娘美》里曾形容，"秦怡具有中国妇女的传统美德，身处逆境而从不灰心丧志，能够以极大的韧性迎接苦难、克服苦难，永远表现为从容不迫"。这是对秦怡一生经历坎坷，却是心胸更豁达的概括与总结。

秦怡在《女篮 5 号》中饰演林洁

秦怡在《摩雅傣》中饰依莱汗

秦怡在《北国江南》中饰银花

秦怡在《铁道游击队》中饰演芳林嫂

秦怡在《青春之歌》中饰演林红

秦怡主演《红色的种子》

王丹凤

沪上碧玉

2017 年的岁末，我在浦东的医院探望完秦怡老师后，赶到华东医院，去拜访了大家非常热爱的另外一位上海的电影艺术家、著名演员王丹凤，她住在华东医院。在王丹凤一位亲密朋友的陪伴下我来到了她的病房。当时她穿着病号服，坐在病房内的椅子上，也是满头银发。那竟然是我第一次见到王丹凤，但从未感到过陌生。因为担心人多，可能影响王丹凤的休息，我进病房后没有再走近她，而是看着其他几位朋友跟王丹凤寒暄、问候。

在很长的一段时间里，王丹凤和先生定居香港。2002 年，《流金岁月》曾经制作过新中国"22 大电影明星"相聚的晚会。当时健在的"22 大电影明星"除王丹凤老师外都来到了现场。我们安排了电话连线的环节，与她通话的除了我之外，还有旅美著名华裔影星卢燕女士。当电话接通后，丹凤老师的声音非常激动，她向在场的其他同行表示了问候，同时也为自己身在香港无法来到北京参加节目录制而感到遗憾。

2002 年的那次通话是我本人跟王丹凤最亲密的一次接触。而这一天，是 2017 年的最后一天。

上海的冬天同样寒冷，这一天的上午和下午我分别见到了秦怡和王丹凤——两位从 20 个世纪 40 年代就开始在上海影坛掀起风云的绝世美女，看到今日的她们如此安详，我颇有感慨，然而心情并不轻松。与我同行的王田老师是一位热爱生活的女子，晚餐时她一直在跟我商量今晚在哪里跨年。这次的行程我并没有惊动在上海的任何一位朋友。我们最后选择了锦江饭店对面的一个很小的酒吧。当跨年的钟声响起，看着各国欢乐的青年男女，听着热闹而喧嚣的音乐，我的脑海中久久浮现的还是今天在医院看到的秦怡、王丹凤两位世纪老人的身影……那是一个非常有意义的跨年夜。

第二天是 2018 年的元旦，我特别来到了国泰电影院，它坐落在淮海路上最繁华的路段，这是王丹凤的丈夫柳先生的家族上海解放前的产业之一，柳家的产业更多的与电影相关。我走进影院，在影院大厅看到了这家影院鼎盛时期的一些新闻图片，也心生感慨。两三年前我曾经在这家影院的上午场看过电影《心花路放》，当时影厅几乎坐满了银发的老年观众。在看这部喜剧片时，大家一阵又一阵开心的笑声给我留下很深的印象。而我之后在上海看电影，去的更多的是在它斜对面那家豪华商厦内的一家新影院，更新、观影效果更好，而每次从商厦出来，我都会再走几步，到陕西南路，将视线投向静静伫立着的国泰电影院。

上海之行半年后的一天，我突然收到一位年轻朋友发来的消息，王丹凤女士今日辞世，享年 94 岁……

王丹凤个人小传

姓　　名：王丹凤（1925.08.23—2018.05.02）

原　　名：王玉凤

籍　　贯：浙江宁波

出 生 地：上海

职　　业：演员

电影作品：

1941 年：《龙潭虎穴》

1941 ：《肉》饰表妹

1941 ：《新渔光曲》饰小兰

1942 ：《落花恨》

1942 ：《春》饰高淑贞

1942 ：《秋》饰高淑贞

1942 ：《博爱》

1943 ：《新生》饰顾慧兰

1943 ：《第二代》饰陆素英

1943 ：《三朵花》饰华小兰

1943 ：《浮云掩月》饰陈莉影

1943 ：《两代女性》饰许桂芬

1943 ：《万紫千红》饰小妹

1943：《合家欢》

1944：《凯风》

1944：《红楼梦》饰薛宝钗

1944：《丹凤朝阳》

1944：《鹏程万里》

1944：《教师万岁》饰李瑛

1944：《大富之家》饰徐婉芳

1944：《春江遗恨》饰小红

1945：《莫负少年头》饰余璇姑

1945：《人海双珠》饰林若芹

1946：《民族的火花》饰梁曰贞

1947：《终身大事》饰佩芳

1947：《月黑风高》饰

1947：《青青河边草》饰蓝菁

1947：《鸾凤怨》

1948：《断肠天涯》饰吴淑贞

1948：《乱点鸳鸯》饰幼珍

1948：《无语问苍天》饰玉冰

1948：《珠光宝气》

1949：《夜来风雨声》饰林晓霞

1949：《锦绣天堂》饰赵守贞

1949：《琼楼恨》饰高玲娟、林护士

1950：《海外寻夫》饰庄素珍

1950：《王氏四侠》饰王蓓兰

1951：《彩凤双飞》饰金小凤

1951：《瑶池鸳鸯》饰祝英台

1952：《方帽子》饰林敏丽

1956：《家》饰鸣凤

1957：《护士日记》简素华

1958：《英雄赶派克》饰慰问团演员

1958：《你追我赶》饰周耕香

1958：《海魂》饰温梦媛

1959：《春满人间》饰朱秀云

1960：《向阳花开》饰谢金芳

1960：《风流人物数今朝》饰宋凤兰

1962：《女理发师》饰华家芳

1963：《桃花扇》饰李香君

1978：《失去记忆的人》饰丁园

1978：《儿子、孙子和种子》饰张秀英

1980：《玉色蝴蝶》饰竹内君代

获奖记录：

1962：新中国"22 大电影明星"

1995："中华影星"称号

1995：中国电影表演艺术学会金凤凰奖特别荣誉奖

2005："中国电影百年百位优秀演员"称号

2012：华鼎奖中国电影终身成就大奖

2013：中国电影表演艺术学会金凤凰奖终身成就奖

2017：上海国际电影节终身成就奖

从艺经历：

王丹凤原名王玉凤，1925 年 8 月 23 日生于上海。王丹凤从小就爱看电影，当时她家住着一位邻居是电影演员舒丽娟。有一次舒丽娟带她到合众影片公司探班《龙潭虎穴》的拍摄，被导演朱石麟发现，临时在片中演了一个小丫头，效果不错，之后就和合众公司签了合约。朱石麟觉得王玉凤的名字太土气，在《肉》一片中将"王玉凤"这个原名改成了"王丹凤"，取"丹凤朝阳"之意。由于王丹凤相貌甜美、表演质朴，在影片《新渔光曲》中演唱俱佳，轰动申城，被称为"小周璇"。王丹凤成了电影公司的摇钱树，公司老板也不断增加她的拍片数量，《春》《秋》《落花恨》《新生》《三朵花》《两代女性》《万紫千红》《青青河边草》，一连拍了数十部影片，赴香港拍片期间更是风靡东南亚整个华人圈。1950 年底，王丹凤和许多进步电影工作者一起回到上海。1952 年，她成为上海电影制片厂的演员，以饱满的热情在银幕上表达对新中国的热爱。特别是在《家》《护士日记》《女理发师》《桃花扇》中塑造的鸣凤、简素华、华家芳、李香君四个不同年代、不同身份、不同性格的角色赢得了一致好评。十年"动乱"时期，王丹凤惨遭迫害，难得的艺术年华被整整耽误了十多年。粉碎"四人帮"后，她只演了几部电影就平静地退出。从 1941 年从影到 1980 年息影，她留下了近 60 个银幕经典艺术形象，她存世的影像并不多，观众看到的也有限，但这并不影响她成为观众心中的电影明星。

（补记）

当我在写下这一章的时候，时间是 2020 年 12 月 14 号，一位电影研究者给我发来信息说，黄宗英今日去世。

黄宗英是一位很有特点的女演员，也是一位作家，今日以 95 岁高龄于上海仙逝。在 2018 年我数次去上海在华东医院探访老艺术家们的时候，我也去过黄宗英老师的病房。她当时已经不怎么说话，也认不出来探望的人，一般就是微笑着，跟大家点点头。我那次去看望她，也就是在病房内，静静地坐了几分钟，其实什么也没说。反而是有一次在与秦怡的简单沟通中，她曾经讲述了一个场景，就是有一天王丹凤、黄宗英、秦怡相聚医院的在同一间病房里。当时我问秦怡，"你们三位聊了些什么?"我非常清晰地记得秦怡的回答，她说："我们三个就那样坐着，没怎么说话。"

那是一个不同寻常的场景：三位 90 多岁的长者、曾经上海滩耀眼的明星，大家耳熟能详的电影艺术家，相聚在同一所医院的一间病房，时间静默了。是的，她们相见已无须多言。能够彼此看到对方，已是一种美好。那的确是一幅很美的画面。虽然我并没有看到，但脑海中已勾勒出这样一个温馨而动人的场景。

王丹凤在《护士日记》中饰演简素华

王丹凤在《家》中饰演鸣凤

王丹凤在《女理发师》中饰演华家芳

王丹凤在《桃花扇》中饰演李香君

黄宗英个人小传

姓　　名：黄宗英（1925.07.13—2020.12.14）

籍　　贯：浙江瑞安

出 生 地：北京

职　　业：演员、作家

电影作品：

1947：《追》饰叶文秀

1947：《幸福狂想曲》饰张月华

1948：《街头巷尾》饰赵淑秋

1948：《鸡鸣早看天》饰王桂芳

1949：《喜迎春》饰陶澄

1949：《丽人行》饰李新群

1949：《乌鸦与麻雀》饰余小瑛

1951：《武训传》饰老师

1953：《为孩子们祝福》饰王敏

1956：《家》饰钱梅芬

1958：《你追我赶》与顾锡东联合编剧

1958：《平凡的事业》编剧

1959：《上海英雄交响曲》编剧

1959：《聂耳》饰冯凤

1960：《六十年代第一春》与张骏祥、沈浮、丁然、孙永平、温
　　　锡莹、韩非、刘非、李其珍、梁波罗、周冲联合编剧

1982：《一盘没有下完的棋》饰婉怡

1987：《闺阁情怨》饰王女士

2017：《请你记住我》饰黄宗英

获奖记录：

1980：1977—1980 年中国优秀报告文学奖

1982：1981—1982 年中国优秀报告文学奖

1984：1983—1984 年中国优秀报告文学奖

1995："中华影星"称号

2005："中国电影百年百位优秀演员"称号

2019：第 7 届上海文学艺术奖终身成就奖

从艺经历：

黄宗英 1925 年农历 5 月 23（公历 7 月 13 日）出生于北京一个
知识分子家庭。父亲是留日回国的工程师，接受新思潮教育非常开明
豁达，子女受到了良好的启蒙教育。1934 年，父亲因伤寒病逝，黄
家开始衰落。1941 年黄宗英来到上海，在黄佐临的帮助下进入上海
职业剧团，在剧团管道具、搞拟音和在台口给演员提词。一次剧团演
出曹禺的话剧《蜕变》，因为演员临时误场，黄宗英因为熟悉台词被
紧急顶替上场，这样一来本无心从艺的黄宗英走上了演艺之路。

1943 年，黄宗英在华艺剧社主演《甜姐儿》红遍上海滩，一下
子拥有了很多追捧的戏迷。当时演话剧收入不高，看着没有前景的

舞台，黄宗英迈入了电影界。1946年和谢添主演了首部电影《追》，1947年主演《幸福狂想曲》时结识了赵丹，赵丹对黄宗英表白了爱慕之情，在经历了两段婚姻之后，次年和赵丹结婚。之后，黄宗英出演了《街头巷尾》《鸡鸣早看天》《乌鸦与麻雀》《武训传》等影片。拍摄完《为孩子们祝福》后和赵丹一起进入上海电影制片厂，拍摄了《家》和《聂耳》。大概因为形象和当时电影的审美不符，黄宗英演电影的机会越来越少。因为她平时喜欢写点儿东西，演出串词、报幕词、诗朗诵啦，还被选送参加了中央电影局举办的第一届电影剧本创作讲习班，并且有几个剧本已经拍摄完成。在《聂耳》的拍摄过程中，领导把她从天马电影制片厂演员剧团调至文学部，任专业编剧。1965年调入中国作协上海分会专职创作。夏衍说，黄宗英不写电影剧本的话一年交两篇报告文学也可以，她从此更多地涉猎起报告文学来。"文革"中赵丹被关押了5年，黄宗英也被下放到上海文化系统的"五七干校"。改革开放后是黄宗英的创作高峰，独立或与人联合创作的报告文学《大雁情》《美丽的眼睛》《桔》《小木屋》《为了你，我的祖国》，散文集《星》《萧军》《半山半水半书窗》《卖艺黄家》《买艺人家》等均获得业内外好评。

黄宗英在《家》中饰演钱梅芬

黄宗英在《为孩子们祝福》中饰演王敏

田 华

党的女儿

我小时候看的田华的第一部电影是《秘密图纸》,那是一部让人感到紧张的反特片。年幼的我认为,田华和她所扮演的那个女公安,是我认为的最好看的女人的形象。当然,她的成名作是1950年与观众见面的电影《白毛女》。即使在71年后的今天再次观看这部影片依然会被吸引,影片给我们带来的冲击力让人震惊,这其中,田华的表演功不可没。不知道是《白毛女》成就了田华,还是田华成就了《白毛女》。

田华在我这部纪录电影当中,也是不可或缺的人物。但是当我跟她说,我作为导演要做这样一件事情时,她当时没有答应。事实上在2018年拍摄的几位老艺术家当中,田华老师是最后一刻才同意接受拍摄的。这当中还有一件趣闻,当问及田华老师拒绝的原因时,她告诉我,你要是《流金岁月》栏目邀请我,没问题,我随时可以来。但是你这个事,我还不能答应你。以至于多位电影界老师、朋友帮我去劝说她,但依然未果。

有一次,在一个活动中我又见到了田华,再次跟她说起这件事,田华老师态度依然没有改变。

那次活动我也算是主办者之一,但是我竟然做了这样一件事:

那天田华老师提前要走，我提出送她，然后竟然跟着她上了车，把其他人扔在了现场。

在车上，我再一次跟她阐述这部纪录片的意义、想法、诉求以及与电视栏目的不同之处在哪里等等，这样就一直跟到了田华老师的家里。当时田华的孙子杨潇在家，他也跟我一起做他奶奶的工作，我们还聊了许许多多她的电影生涯中各种各样有趣的事情。最后我临走时，跟她确认，她还是没给我一个准确的答复。还好杨潇告诉我，他会做他奶奶的工作。

好在最后，就像大家即将看到的，田华老师最终还是出现在了这部电影当中。

2020 年 9 月，第 35 届大众电影百花奖在郑州举办，我再次拍摄了田华老师。其中有一段讲述虽然在影片中被删减了，但是一直让我深受触动。因为我们身处郑州，这是我国一个重要的铁路枢纽，也是"二七大罢工"等重大历史事件发生的地点。我自然问到了田华，关于她参演的影片《风暴》的事宜。在采访她之前的一天晚上，我又把《风暴》看了一遍，我一方面惊讶她能够如此娴熟地扮演一位铁路工人的妻子，另一方面又诧异于她的戏份怎么突然就没有了。于是我问到了她这个问题，才挖出一个真实的故事。有一场田华最喜欢的、她的重场戏被删了。男主人公林祥谦就义前，扮演妻子的田华有一段撕心裂肺的表演：在就义现场，她抱着爱人的双腿，有大段的台词。据田华的描述，后面的表现方法是：鲜血滴答滴答地流在了田华的脸上，她就这样看着她最爱的人牺牲。我注意到当田华在回忆这场戏的时候，她的双眼依然充满激情，仿佛回到了 60 多年前的拍摄现场。

影片没有呈现这个片段是一种遗憾，我的记录电影没有把这段讲述融进去，也挺遗憾的。看来电影真是门遗憾的艺术。

　　这次在厦门举办金鸡奖，吃早餐的时候，我再次看到了田华。她突然问我一个问题："小潘咱们认识多少年了？"我想了一下说："应该是 25 年。"她回了一句："25 年，也是'流金岁月'啊。"

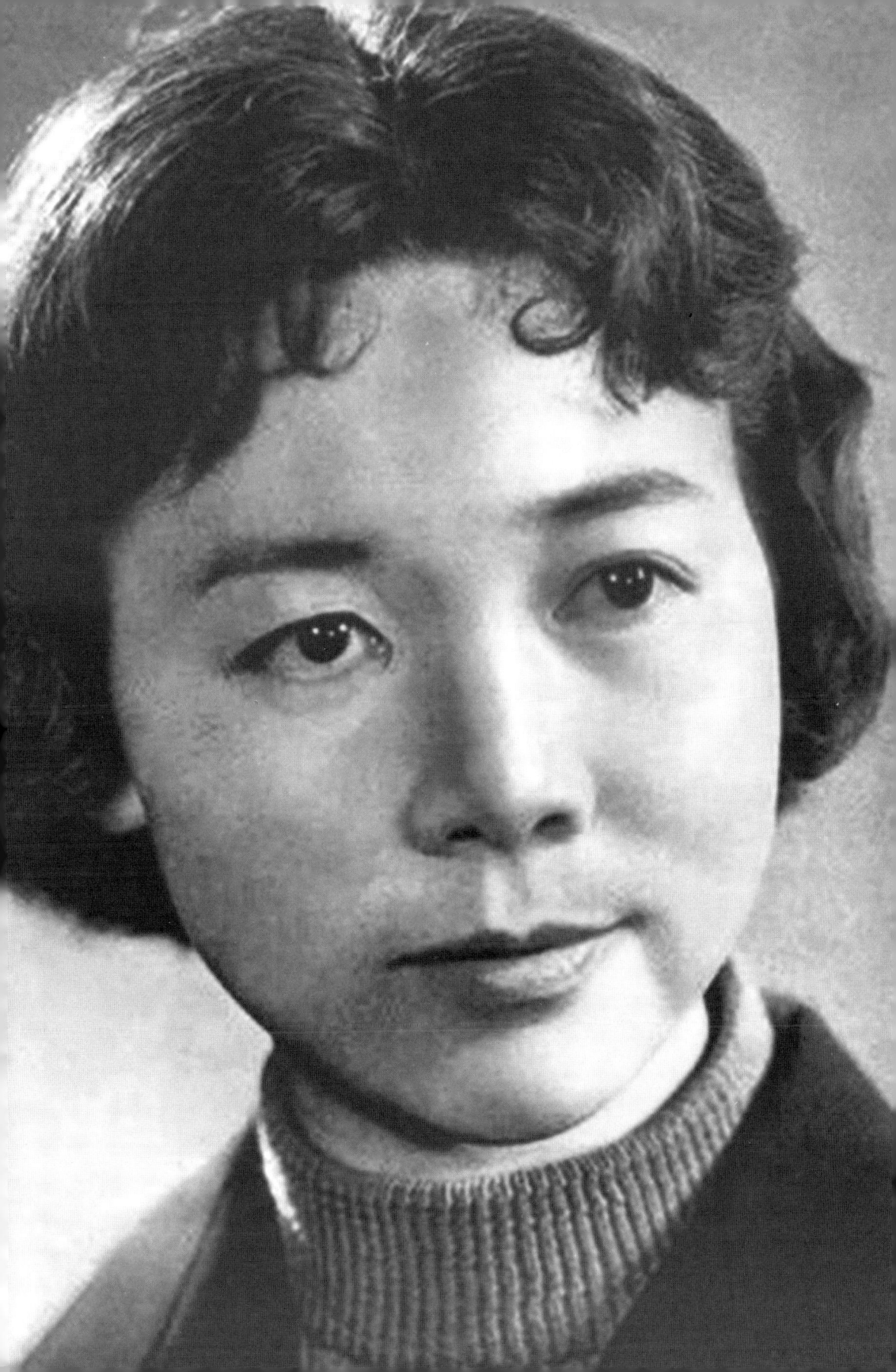

田华个人小传

姓　　名：田华（1928.08—　　）

原　　名：刘天花

籍贯出生地：河北唐县

毕业院校：中央戏剧学院表演干部训练班

职　　业：演员

电影作品：

1950：《白毛女》饰喜儿

1958：《花好月圆》饰范灵芝

1958：《党的女儿》饰李玉梅、成年小妞

1959：《风暴》饰陈桂贞

1960：《江山多娇》饰岳仙

1962：《碧海丹心》饰小妹

1963：《夺印》饰胡素芳

1964：《白求恩大夫》饰冯军医

1965：《秘密图纸》饰石云

1978：《猎字 99 号》饰党委书记

1978：《峥嵘岁月》饰骆霞

1978：《奴隶的女儿》饰曾植华

1980：《法庭内外》饰尚勤

1981：《许茂和他的女儿们》（八一厂版）饰颜少春

1985：《通天塔》饰郑瑛

1986：《党小组长》饰刘妻

1986：《小铃铛》（续集）参加演出

1988：《柳菲的遗书》饰妈妈

1988：《多梦时节》饰老校长

2008：《寻找成龙》饰姥姥

2011：《西藏班》饰方淑珍

2011：《戒烟不戒酒》友情出演

2012：《飞越老人院》饰田老太

2014：《聚客镇》饰老年杨柳枝

2014：《执行》饰奶奶

2014：《天河》饰专家

2015：《枕边诡影》饰研究生导师

2019：《一切如你》

2019：《步步为营》饰刘奶奶

2021：《演员》（纪录电影）

获奖记录：

1957：文化部 1949—1955 年优秀影片个人奖

1962：新中国"22 大电影明星"

1995："中华影星"称号

1995：中国电影世纪奖优秀女演员

2005："中国电影百年百位优秀演员"称号

2005：“国家有突出贡献的电影艺术家”荣誉称号

2009：中国电影表演艺术学会金凤凰奖终身成就奖

2010：中国电影金鸡奖终身成就奖

2012：华鼎奖中国电影终身成就大奖

从艺经历：

田华原名刘天花，1928年出生于河北唐县一个贫苦的农民家庭，“天花”这个名字还是父母为了避邪驱灾给她取的。家乡和家庭的贫困让田华变得坚强独立，强烈地希望通过自身的努力改变现状。1940年，八路军抗敌剧社来到了田华的家乡，放声歌唱的童年田华被剧社看中征召入伍，年仅12岁的田华加入了晋察冀军区政治部抗敌剧社儿童演剧队，在部队里改名为田华。在部队里，田华第一次观看到了电影。1950年东北电影制片厂要将歌剧《白毛女》搬上银幕，在华北军区政治部文工团任演员的田华被导演之一王滨选中扮演女主人公喜儿。起初不被看好的田华在王滨导演的坚持下，凭借着自己的生活积累和朴素的感情，出色地完成了这一人物形象塑造，获得影界内外的好评，荣获1951年第六届卡罗维·发利国际电影节“特别荣誉奖”，她也因此片一举成名。1955年田华进入中央戏剧学院表演干部训练班深造。在校期间，她从苏联专家、老师那里汲取了很多表演方面的营养，并且在许多舞台剧中扮演角色，毕业后在沈阳军区抗敌话剧团任演员。这期间，她拍摄了《花好月圆》《党的女儿》《风暴》等影片，以在《党的女儿》中同时扮演母女二人最为著名。《白毛女》《党的女儿》一直作为红色经典在观众中广为流传。1960年田华调入八一电影制片厂，又先后拍摄了《江山多娇》《碧海丹心》《夺印》《白求恩大夫》《秘密图纸》五部影片，还参加了话剧《霓虹灯下的哨兵》的演出。"文革"之后，又拍摄了《奴隶的女儿》《猎字99号》《峥嵘岁月》《法庭内外》《许茂和他的女儿们》《党小组长》《柳菲的遗书》《寻找成龙》等影片，曾任八一电影制片厂演员剧团团长。年逾90，精神抖擞，是中国影坛的常青树。

田华在《党的女儿》中饰演李玉梅

田华在《党的女儿》中饰演李玉梅

田华在《白毛女》中饰演喜儿

田华在《白毛女》中饰演喜儿

田华在《白毛女》中饰演喜儿

于洋、杨静

银幕伉俪

于洋、杨静夫妇和谢芳、张目夫妇是北京电影界著名的银幕伉俪，两家也都住在北影厂的院里。于洋和谢芳曾合作过《青春之歌》。

在这五六年里，我跟于洋、杨静夫妇的接触相对比较多，会经常去拜访他们，他们的女儿于静江，常居美国加州，这几次回北京我们也都见过。杨静老师比于洋老师大 1 岁，她既是一位优秀的演员，也曾经和于洋执导过多部影片。他们的儿子于晓阳，是一位才华横溢的电影导演，执导过《翡翠麻将》以及未曾公映的《女贼》，但可惜英年早逝，去世时只有 45 岁。于静江在回忆弟弟时，对他的聪颖、才华以及对电影的热爱表达得非常真切，他的离去是这个电影世家之殇。

在本片中我对于洋、杨静的采访有两次，分别是 2018 年夏天和 2020 年秋天。其间的 2019 年，我去探望二老的时候，他们已经搬到了一家条件不错的养老院居住。连续几年的探望我发现，于洋的身体状况和精神头儿没有杨静老师那么好，但每次我们也都是希望二老能健健康康的。

于洋和杨静曾经联合执导过一些如《骑士的荣誉》等蒙古族题材的影片。因为杨静是蒙古族，本名叫德勒格尔玛。2021 年元旦，我收到了 93 岁的杨静给我发来的信息："新年如意"，并配上了一张他们目前居住的房间的照片。

于洋夫妇是我觉得最像我父母的两位长者，每次去探望、然后告别，都那么似曾相识、亲切与熟悉，就像我每次回家，每次与父母告别。我觉得于洋能够历经几十年的风风雨雨直到现在，应该背后有人给他支撑和力量，我相信这个人就是杨静。

老太太很有态度，前两年我曾经给他们介绍过一个活动，主办方准备了酬劳给于洋老师，后被二位老师拒收，杨静老师还很严厉地批评了我。这件事情给我留下了很深的印象。

于洋个人小传

姓　　名：于洋（1930.10.04—　　）

原　　名：于延江

民　　族：汉族

籍贯出生地：山东省黄县（今山东龙口市）

学　　历：北京电影学院表演专修班

职　　业：演员、导演

电影作品：

1942：《迎春花》饰小弟

1944：《好孩子》

1948：《留下他打老蒋吧》饰连长

1949：《桥》饰吴一竹

1949：《中华女儿》饰张强

1949：《光芒万丈》参加演出

1950：《卫国保家》饰杨德志

1950：《走向新中国》饰小刘

1950：《新儿女英雄传》饰农民

1952：《葡萄熟了的时候》饰龚玉泉

1954：《山间铃响马帮来》饰黛乌

1955：《怒海轻骑》饰林中队长

1958：《生活的浪花》饰金章

1958：《英雄虎胆》饰曾泰

1958：《山里的人》饰陈团长

1959：《矿灯》饰傅东山

1959：《粮食》饰王团长

1959：《飞越天险》饰赵忠凯

1959：《青春之歌》饰江华

1959：《水上春秋》饰华小龙

1960：《五彩路》饰浦巴叔叔

1960：《革命家庭》饰老梁

1960：《为了六十一个阶级弟兄》

1961：《暴风骤雨》饰萧队长

1965：《大浪淘沙》饰靳恭绶

1974：《火红的年代》饰赵四海

1974：《侦察兵》饰政委

1975：《第二个春天》饰冯涛

1976：《反击》饰江涛

1977：《万里征途》导演

1980：《戴手铐的旅客》导演兼饰刘杰

1982：《大海在呼唤》和杨静联合导演兼饰陈海威

1983：《拓荒者的足迹》饰吴根荣

1984：《骑士的荣誉》和杨静联合导演

1985：《驼峰上的爱》和杨静联合导演

1989：《女贼》饰陈一潭

1993：《大海风》饰齐厂长

1998：《昨日的承诺》饰丁教授

2002：《惊涛骇浪》饰李司令

2010：《情醉富春江》饰曾凡

2019：《一切如你》饰小强的爷爷

2021：《演员》（纪录电影）

获奖记录：

1962：新中国"22 大电影明星"

1995："中华影星"称号

1995：中国电影表演艺术学会"突出贡献特别奖"

2005："中国电影百年百位优秀演员"称号

2005："国家有突出贡献的电影艺术家"荣誉称号

2007：中国电影表演艺术学会金凤凰奖终身成就奖

2010：中国电影金鸡奖终身成就奖

从艺经历：

1930 年 10 月，于洋出生在一个贫苦的农民家庭。1936 年，闯关东的父亲病死关外，家乡又连续遭灾，迫使母亲带着他投奔在长春的外祖父。母亲靠着做佣人攒下点血汗钱把他送进小学读书。由于于洋的哥哥于延海在"满映"做基本演员，介绍 12 岁的于洋到电影公司当儿童演员，这样也可以减轻家庭的负担。于是，在半工半读生活中，于洋接触了电影表演，出演了《迎春花》《好孩子》等影片。

　　1945 年，在八路军中工作多年的哥哥随部队来到长春，找到了他，并引领他走上了革命道路。他 15 岁参加革命队伍后当过公安战线上的侦察员，参加过土改运动，以后又作为解放军的文化干事，参加过四平保卫战、长春围歼战，并在某部炮兵团获得过四野颁发的"渡江战役纪念章"。1947 年 11 月，于洋来到兴山的东北电影制片厂参演了人民电影第一部短故事片《留下他打老蒋吧》，在片中饰演我军李连长。1948 年，参演由王滨执导的新中国第一部故事片《桥》，在片中饰演青年工人吴一竹。

　　1949 年，于洋加入了中国共产党，之后出演《中华女儿》《卫国保家》《走向新中国》《葡萄熟了的时候》《山间铃响马帮来》等多部影片，跟随凌子风、严恭、吴天、蓝马、王家乙、刘琼等艺术家学习了很多经验并结合到自己的表演创作中来。

　　1955 年，于洋进入北京电影学院表演专修班，在苏联专家的指导下，集中学习了莫斯科电影学院以斯坦尼斯拉夫斯基体系为主的现实主义表演理论，毕业后留在了北京电影制片厂。到 60 年代中期，是形象高大的于洋演员生活的高产期，《生活的浪花》《英雄虎胆》《飞越天险》《青春之歌》《矿灯》《水上春秋》《暴风骤雨》《大浪淘沙》均诞生于这一时期。其中，他结合自身经历塑造的《英雄虎胆》中侦察科长曾泰，《暴风骤雨》里的土改工作队萧队长和他自己最喜欢的《大浪淘沙》中的靳恭绶已成为中国银幕上的经典形象。"文革"时期，于洋也遭到了冲击，是北影 18 个"黑帮"之一。直到 1974 年，因为没有找到合适的演员，上海市委才拍板借调于洋主演上影厂重点片《火红的年代》，之后还主演或出演了《侦察兵》《第二个春天》《反击》。粉碎"四人帮"后，于洋彻底焕发了艺术青春，除了担任演员外还涉足了导演工作。1977 年导演了处女作《万里征途》，从此演导并举，接连独立或和夫人杨静联合导演了《戴手铐的旅客》《大海在呼唤》《骑士的荣誉》《驼峰上的爱》，在《戴手铐的旅客》《大海在呼唤》中还担任主演。1989 年担任北京电影制片厂演员剧团团长，后任中国电影表演艺术学会会长。

于洋在《留下他打老蒋吧》中饰演连长

于洋在《桥》中饰演吴一竹

于洋在《大浪淘沙》中饰演靳恭绶

于洋在《戴手铐的旅客》中饰演刘杰

于洋在《山间铃响马帮来》中饰演黛乌

于洋在《英雄虎胆》中饰演曾泰

杨静个人小传

姓　　名：杨静（1929.02—　）

原　　名：德勒格尔玛

民　　族：蒙古族

出 生 地：内蒙古哲里木盟（今内蒙通辽市）科左后旗

学　　历：北京电影学院表演专修班

职　　业：演员、导演

电影作品：

1949：《回到自己队伍来》饰村妇

1950：《卫国保家》饰陈桂英

1952：《一贯害人道》饰刘文慧

1953：《结婚》饰杨小青

1957：《生活的浪花》饰叶素萍

1959：《金玲传》饰大金子

1959：《风暴》饰江有才妻

1959：《矿灯》饰大菊

1959：《英雄岛》饰洪秀梅

1960：《革命家庭》饰陈杰

1960：《为了六十一个阶级弟兄》饰民航局秘书

1964：《小二黑结婚》饰二嫂

1975：《红雨》副导演兼饰小莲妈

1975：《烽火少年》饰小松妈

1976：《山花》副导演兼饰二喜妻

1977：《战地黄花》饰演巴达玛

1982：《大海在呼唤》和于洋联合导演

1984：《骑士的荣誉》和于洋联合导演

1985：《驼峰上的爱》和于洋联合导演

1998：《昨日的承诺》饰李奶奶

2010：《情醉富春江》饰刘芹美

2019：《一切如你》饰小强的奶奶

获奖纪录：

2001：中国电影表演艺术学会"金凤凰奖"特别荣誉奖

从艺经历：

幼年时先后就读于内蒙古巴彦塔拉小学、王爷庙第三小学和王爷庙高级小学。1943 年入奉天同善堂助产士学校学习。1945 年抗日战争胜利后到内蒙古扎鲁特旗卫生所任助产士，9 月调呼伦贝尔省政府合作社医院任助产士。1946 年入东北军政大学学习，同年留校任文工团宣传员，演出了歌剧《血泪仇》《为谁打天下》，话剧《王家大院》《天下无敌》《钢骨铁筋》《群猴》。东北区文艺汇演中，在歌剧《为谁打天下》中饰地主婆而受到好评。1949 年在东影拍摄了处女作《回到自己队伍来》，同年任北影演员。1950 年开始在东影《卫国保家》中饰演女主角陈桂英引起了热烈反响，之后出演影片《一贯害人道》

《结婚》。1955 年被选入北京电影学院表演专修班学习，特别是在毕业公演剧目沙翁喜剧《第十二夜》中饰演孪生兄妹两个角色，轰动首都舞台。毕业后先后拍摄了《生活的浪花》《金铃传》《矿灯》《英雄岛》《战地黄花》等十余部影片。1975 年后从事副导演、导演工作，协拍日本影片《天平之甍》任副导演，并赴日本参加首映式。导演了《大海在呼唤》《骑士的荣誉》《驼峰上的爱》《孤帆远影》等作品。

杨静在《生活的浪花》中饰演叶素萍

杨静在《卫国保家》中饰演陈桂英

于洋、杨静的四代同堂照

谢芳、张目

相伴一生

　　谢芳和张目两位老师，凡是出席活动必然是一起。他们最早是湖北省的歌剧演员，曾经在歌剧《小二黑结婚》中分别扮演小二黑和小芹。后来我们都知道，谢芳因1959年的电影《青春之歌》一炮而红。她也是被大家公认的幸运的女演员。青年时代在《青春之歌》《早春二月》《舞台姐妹》中全部都是女主角，谢芳的孙子张小龙现在是位电影美工，他说最喜欢的奶奶的作品是《早春二月》。中年谢芳又拍摄了《泪痕》《第二次握手》《李清照》三部女主戏，后来才开始扮演配角，她的表演具有鲜明的时代特色。

　　这次纪录电影《演员》，对于谢芳的采访和拍摄也进行了两次，当我在后期剪辑时，看着镜头中的谢芳，觉得她特别美、特别有老艺术家的风采，也就是人们常说的那个范儿，而且她经常妙语连珠。因为我们的这部电影片名叫《演员》，所以我问她一个问题，您理解的演员是一个怎样的职业？她在回答中说道，我不喜欢的演员是在生活中还在"演"。作为演员，我们在舞台上、在戏中表演，那是我们的职业。但是我拒绝在生活中"演"，那太累了。这句话也给我留下了很深的印象。

　　张目先生的性格非常好，非常爽朗、乐观、多才多艺。很多人发现，即使今年 85 岁了，谢芳老师身上还存在着那种天然的少女感。这是非常有趣的一个现象，我认为在这一点上，张目先生在各个方面给予了谢芳老师最大程度上的关爱与呵护。

谢芳老师出过多本自传，她的故事我也不赘述了。她很幸福，有一个儿子、儿媳，一个孙子、也有了孙媳妇儿。孙子小龙大学毕业前曾在我的团队实习，是一个帅气而认真的青年。这次也拍了他与爷爷奶奶在一起的画面，且拍了两次，但还是在一次次的修改中，最后删除了。

谢芳老师与张目老师共用一个手机号，从中可以看出他们二位的不分彼此。

祝福二位老人！

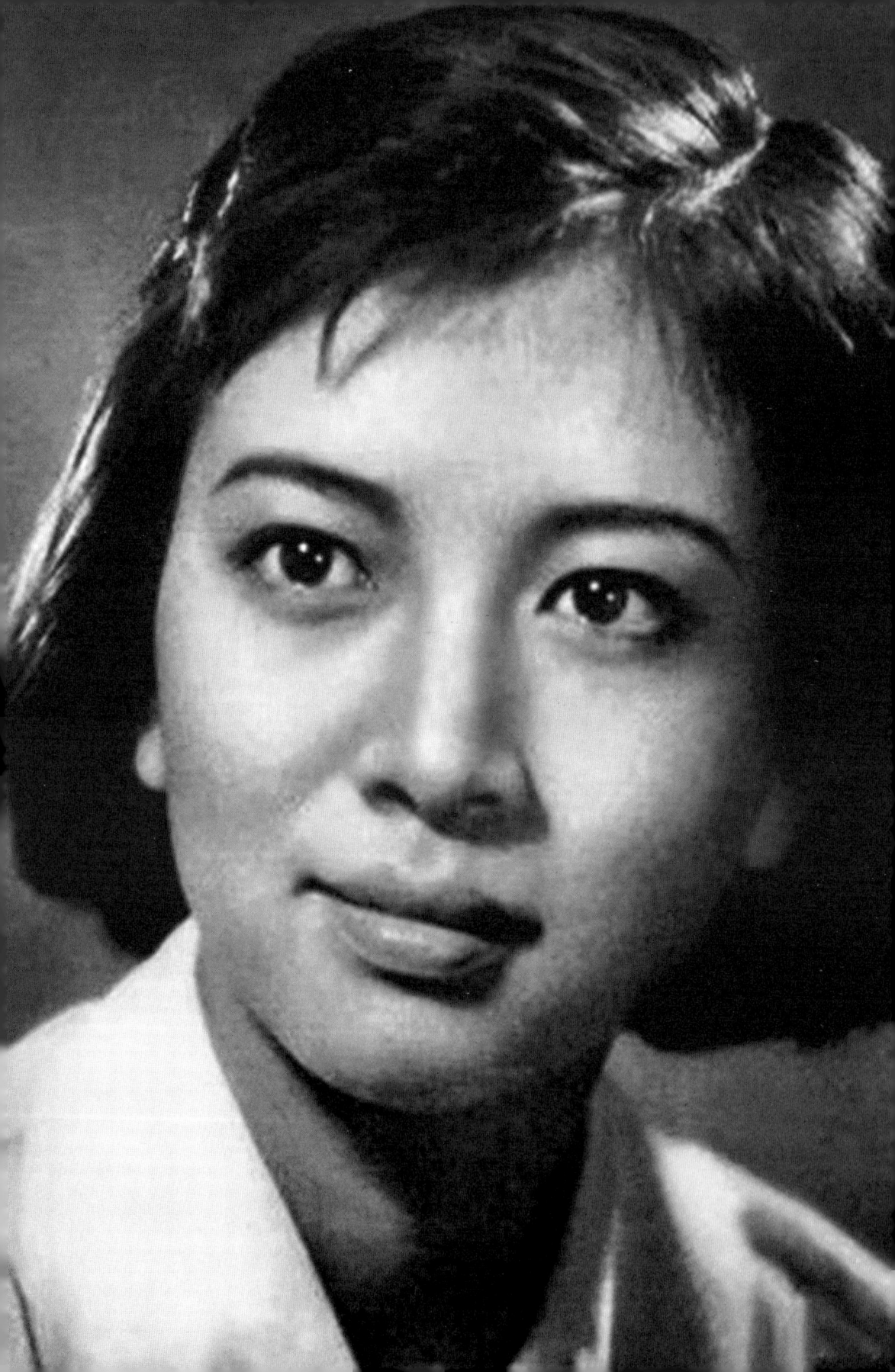

谢芳个人小传

姓　　名：谢芳（1935.11.01—　）

原　　名：谢怀复

民　　族：汉族

籍　　贯：湖南益阳

出 生 地：湖北省黄陂县（今武汉市黄陂区）

教育经历：汉口圣罗以女中

职　　业：演员

电影作品：

1959：《青春之歌》饰林道静

1963：《早春二月》饰陶岚

1965：《舞台姐妹》饰竺春花

1976：《山花》饰高山花

1978：《泪痕》饰孔妮娜

1980：《第二次握手》饰丁洁琼

1981：《李清照》饰李清照

1983：《血，总是热的》饰孙建芳

1984：《明姑娘》饰董萱

1984：《清水湾，淡水湾》饰向萍

1984：《黄河之滨》饰苏蕙

1985：《文成公主》饰公主乳母

1986：《幸运的人》饰曲文静

1989：《侨乡情》饰亮婶

1989：《阿罗汉神兽》饰夏沫

1991：《女人 TAXI 女人》参加演出

1992：《送你一片温柔》饰华侨妻

1992：《实习生》饰李碧云

1998：《九九艳阳天》饰严君茹

2006：《东江特遣队》饰演老年林亚珍

2007：《爱在鄂尔多斯》饰额吉

2009：《刘巧儿家飞来个小洋妞》饰刘巧儿

2013：《一座城池》饰长江大妈

2013：《古路》饰刘春梅的母亲

2015：《等爱归来》饰李奶奶

2016：《南口 1937》饰罗教授

2016：《仁医胡佩兰》饰胡佩兰

2017：《烽火芳菲》饰季姑姑

2017：《六年六天》

2018：《大陈岛誓言》

2019：《那些女人》

2019：《一切如你》

2021：《演员》（纪录电影）

获奖记录：

1962：新中国"22 大电影明星"

1995："中华影星"称号

1995：中国电影世纪奖优秀女演员

2005："中国电影百年百位优秀演员"称号

2005："国家有突出贡献的电影艺术家"荣誉称号

2012：华鼎奖中国电影终身成就大奖

2015：中国电影表演艺术学会金凤凰奖终身成就奖

2016：中国电影金鸡奖终身成就奖

从艺经历：

1935 年 11 月谢芳出生于湖北黄陂县（今武汉市黄陂区）滠口镇一个知识分子家庭，父亲是神学院的传教士，母亲是中学语文和音乐教员。谢芳原名谢怀复，因当时东三省被日军占领，故名怀复，取怀念并收复国土之意。谢芳自幼受父母的教育、鼓励和熏陶，天资聪颖，喜读诗书，酷爱文艺。1951 年，中学毕业的谢芳因为常和她家楼下的中南文工团打交道，所以动员她报考文工团，她凭借娴熟的钢琴演奏和演唱被中南文工团招录为演员，在领导的建议下也把名字"谢怀复"改成"谢方"。在文工团里，谢方不光演歌剧，还学了昆曲、豫剧、河南梆子、河南花鼓戏、常德高腔等戏曲和地方戏，演出了歌剧《白毛女》《刘三姐》《小二黑结婚》《货郎与小姐》，豫剧《柜中缘》，常德高腔《思凡》等。

1958 年，已调入北影，曾任中南文化局局长和人民艺术剧院院长的老领导崔嵬执导电影《青春之歌》时，认为谢方是扮演林道静的合适人选，便派副导演前往已经由"中南文工团"改建的"武汉歌舞剧院"借谢方来北影试镜。通过层层选拔，谢方从众多竞争者中脱颖而出步入影坛。

1959年《青春之歌》作为新中国成立10周年献礼片公映，谢芳对林道静的成功塑造使得她入选"22大电影明星"，成为两个不在电影界而入选的明星之一。影片公映时，字幕师把"谢方"误写为"谢芳"，从此将错就错，谢芳的名字随着影片的轰动而为人们所知晓。1963年谢芳夫妇调入北影，1963年和1964年由陈怀皑导演推荐，谢芳又主演了人生当中两部非常重要的代表作《早春二月》和《舞台姐妹》。1976年后陆续主演出演了《山花》《泪痕》《第二次握手》《黄河之滨》等影片，至今仍活跃在银幕、银屏和舞台上，表演风格细腻高雅，适合扮演知识女性形象。

谢芳在《青春之歌》中饰演林道静

谢芳在《青春之歌》中饰演林道静

谢芳在《泪痕》中饰演孔妮娜

谢芳在《舞台姐妹》中饰演竺春花

谢芳在《早春二月》中饰演陶岚

谢芳《早春二月》的定妆照

张目个人小传

姓　　名：张目（1930— ）
出 生 地：吉林省德惠县（今吉林德惠市）
职　　业：演员、歌唱演员

电影作品：

1985：《文成公主》

2009：《刘巧儿家飞来个小洋妞》饰农民歌手

2017：《六年六天》

2019：《那些女人》

从艺经历：

张目和谢芳同年从北京考入中南文工团，曾主演歌剧《小二黑结婚》《白毛女》《货郎与小姐》《太阳初升》《开花结果》《红梅岭》等，谢芳弹钢琴、张目唱歌，两人作为搭档经常一起演出产生了感情，1957年国庆二人举行了简朴而隆重的婚礼。《早春二月》完成之时，张目和谢芳在周总理的直接关心下被调往首都，谢芳在北影，张目进了中央歌剧舞剧院。两人一直互帮互助、恩爱有加，现在耄耋之年了，参加大小的活动老两口总是夫唱妇随，相伴左右，感情笃深，相濡以沫。

王晓棠

军中玫瑰

演员
yanyuan

　　在热爱 20 世纪五六十年代电影的观众中，"男看王晓棠，女看王心刚"是一种风潮，他们都是八一厂非常优秀的演员。在采访王晓棠的时候，我记忆非常深刻，她说当年"22 大电影明星"中 20 多岁的演员只有 4 位，分别是王晓棠、谢芳、金迪和祝希娟。

　　众所周知，王晓棠是一位优秀的演员，也是一位非常成功的电影厂的厂长。她是导演，也是电影界为数不多的女将军，她的一生堪称辉煌。但在本片中，我们更多的是来听她对演员这个职业的梳理和思索。

　　值得一提的是，在她成功地扮演了《野火春风斗古城》中的金环和银环姐妹俩后，在当年大众电影百花奖的评选中，她理所应当地获得了最多的选票。也就是说，她几乎已经毫无悬念地将摘取第三届百花奖最佳女演员的桂冠，但是这一届评选因故没有举办。2020 年 9 月，当我在郑州见到王晓棠女士时，又问及她这个问题，问她是否感觉到遗憾。她挥了挥手说不遗憾，历史就是这样，我们要尊重历史。

　　是的，她就是这样一个达观而干练的女子。采访中她告诉我，当在那个特殊的时期，她被驱逐出八一厂之后，她始终有一个信念："我一定要再回来。"当后来全国其他电影制片厂向她发出橄榄枝时，她都婉言谢绝了。她说不是因为别的，就是因为她心底有一个坚定的信念："我一定会回到八一电影制片厂，我必须回到八一电影制片厂。"她就是一个如此倔强而自信的女子。后来经常有人告诉我，有时当你笃信一个事情会发生的时候，它就一定会发生。我不知道这是否同样也适用于王晓棠，总之"文革"刚刚结束，王晓棠就回到了她热爱的八一厂，再一次开启了她艺术和人生的又一次高峰。

附：

87 电影艺术家王晓棠：永远向上向前

王晓棠

　　卷起 2020 年的长卷，张开印有丰子恺"春日游，杏花落满头"的挂历，心里欢喜着：2021 年，党的百年诞辰来了！

　　蓦地，范素云的话响在耳边："张勃是个党叫站着决不坐着的人。"范素云？张勃？他们是谁？他们是夫妇。

　　1962 年，我接受八一电影制片厂党委下达的任务，要在由李英儒同名小说改编的影片《野火春风斗古城》里饰演金环、银环姐妹二人。李英儒带我赴河北古城保定采访了多人。最重要的是，采访了烈士张勃之妻范素云。谈了一上午，"党叫站着决不坐着"是范素云对绝对忠诚于党的丈夫最朴素的八字评语。我终生铭记。张勃自日伪及国民党统治时期，一直是我党在保定的优秀地下工作者，不幸于保定解放前 7 天牺牲，年仅 28 岁！

　　"来人把他叫走的时候，他正靠着床看书。人出门了，书卷放在床头。我就一直让书卷放着，好像这样，他就会回来。"范素云关于丈夫的每句话都使我动容，一夜无眠，来保定前细读厚重的《河北革命烈士史料》已使我热泪长流。张勃的形象，给我心头的创作烈焰添油。他牺牲时 28 岁，正巧也 28 岁的我，如今幸福地活着……我翻身下床，拿出随身记锦句的小本，写下：如果我不尽全力创造好金环、银环，便是对烈士的负疚，对党的负疚！

有了这意念，实际上就不仅是为演好这两个角色而竭心尽力了。

把一部30多万字的小说精炼成3万多字的电影文学剧本，并非易事。3位改编者李英儒、李天、严寄洲（本片导演）煞费苦心。最终决定，以银环的成长为主线，以杨晓冬带领地下党员们争取伪团长关敬陶率部起义、保卫麦收为故事梗概。

从角色配备可看出八一厂要把它拍成一部好片子的气魄。饰杨晓冬的王心刚，不久前完成了借去上影演《红色娘子军》中党代表洪长青，广获好评。饰关敬陶的王润身，1960年在本厂《林海雪原》里饰大智大勇的杨子荣，在观众中声誉日隆。为了塑造一个伟岸的杨晓冬之母，专门借来演河北老太太最传神的冀中人氏陈立中。饰韩燕来的赵汝平已在八一厂主演过不止1部影片。

拿到文学剧本后，我端坐桌前，一页纸居然"相面"几十分钟。金环和银环首次见面的戏对话很多，我拿着笔一句一句地删，删到最后竟没一句台词了。我去找导演和跟组的李英儒说："这场戏的对话是编导向观众交代影片的背景形势，现在这戏没人看，姐妹俩头一次同时出现在银幕上得非常精彩。"李英儒点头。严寄洲导演已和我合作了《英雄虎胆》《一日千里》《海鹰》3部影片，很了解我，说："那你去重写。"我把场景、规定情景都变了，台词只有3个字："老地方"。这就是影片开始不久，姐妹相见于医院司药窗口的戏——银环戴着大口罩，两人的身份、性格全凭眼神交流。它成为观众印象深刻的一场戏。

就这样，在修改剧本阶段我已能将小说倒背如流。并非刻意，用心读小说多遍而已。这便于快速找准页码修改剧本。

烈士的鞭策，责任的驱使，编导的信任，使我重写了多场重点戏。如，姐妹两次相见、金环教育关敬陶、金环牺牲、银环夜访关敬陶、银环在关押处见杨母、银环同春楼泄密等。

剧本完善了不少，但我隐隐觉得还缺少什么。缺什么呢？再读小说，明白了！立即去找作者："有一场重要的戏，你在小说里没写。""哦？"李英儒很意外，但听了下去。我说银环泄密杨晓冬被捕后，你在 398 页写着韩燕来"双掌将她搡出门外"。"我认为不该这样，燕来和银环应有一场强烈冲突的戏，它是全片展示银环成熟起来最重要的节点。"李英儒沉思片刻拍案而起："对！走，找严。"这是他对严寄洲独特的称呼。严导演十分认可，对我说，你写吧。

我一遍遍地写，又一次次地否定自己。饰燕来的赵汝平也帮着出主意。我陷入寝食难安神魂颠倒的境地，连走路都磕磕绊绊。第三天的夜晚，忽然灵光一闪，有了！伏案疾书，一气呵成，连镜头都分好了。不顾已深夜 12 点，我拿起稿纸就到住得不远的赵汝平家敲门——那会儿我们都没电话啊！他爱人开门见是我，转身去叫人，赵汝平睡眼惺忪地走来。我说："我写出来了！"他接过稿纸看，兴奋起来："对，就是这样！"第二天一大早，李英儒、严寄洲都特别高兴。李英儒说："这是银环成长的点睛之笔！"

这场"燕来夜责银环"的段落是我最喜爱的戏。

对银环，我和编导下了最大的功夫，对金环，我们建立了最强的信念。篇幅所限，金环在影片里仅有 4 场戏。唯其戏少，不允许有一丝败絮。我在笔记本上写道：金环，要演出她的劲儿；银环，要演出她的味儿。

影片于 1963 年 7 月完成，同年公映反响强烈。不止一个女学生写信向我求证，说和同学打了赌，金环、银环是两个演员演的。对于这部影片和金银双环的热议持续多年。

军旅女作家卢晓渤著文写道："平心而论，对金环和银环这两个在小说中已被人们熟识了的人物，每个观众都有自己的理解和想象。人们会用自己的经历、性格、喜好、文化层次去对影片里的金环、银环，抱以希望和挑剔。然而，王晓棠一人塑造的这两个角色，都被人们接受了。"

一位当年的少先队员说，那会儿看过了《野火春风斗古城》，在清明节为烈士扫墓的花圈上，孩子们崇敬地写下了金环阿姨的名字。有许多年轻人在入党申请书上写下：希望能像银环那样，在党的培养下不断成长；希望能像金环那样，为党的事业毫无畏惧，贡献自己的一切以至生命……这便是艺术的魅力。

观众热情的来信像雪花般飞来，充满赞美之词的评论纷纷对准我。影片拍完不久，我受邀在《电影艺术》杂志上发表了《金环和银环》的表演笔记，既谈了对角色的认识和把握，更大篇幅是谈自己创作中的不足。我把姐姐金环比作写意泼墨画，引用了苏轼的"大江东去"，说明其性格的磅礴气势。将妹妹银环比作工笔画，细腻、熨帖，用了柳永的一句词"杨柳岸，晓风残月"，表现其纤巧。也写道，银环初见杨晓冬之母时，笑得多了显得世故；对金环辅色用得差，没能把金环谈笑风生的开朗展现出来，显得单薄……

30年后，卢晓渤在北京图书馆查到了这篇洋洋1万多字的总结。她评价说："细读之后，不由发出感慨。满耳赞声不绝的王晓棠竟有如此清醒的头脑。把读文章，感到她不仅是论艺，更是论人。她要走一条箭头永远向上的路。"

卢晓渤懂得我的初心。我必须走一条箭头永远向上的路——张勃和先烈们为自己崇高的信仰献出宝贵的生命，我为一部表现他们高洁灵魂和隐秘而伟大的我党地下工作者的影片，写了几场戏，塑造了两个人物，难道不是文艺战士应尽的责任吗？先烈们教育着我，使我激情澎湃竭尽心力进行创作，这是一种幸福；创作成果使亿万男女老幼观众感动，唤起他们追求崇高理想的情怀，是更大的幸福。为此我只能永远向上向前。

——转引自《人民日报》2021 年 1 月 19 日

王晓棠个人小传

姓　　名：王晓棠（1934.01.08—　）

民　　族：汉族

籍　　贯：江苏省南京市

出　生　地：河南省开封市

学　　历：浙江省立女子中学

职　　业：演员、编剧、导演、八一厂厂长（少将军衔专业技术一级）

电影作品：

1955：《神秘的旅伴》饰小黎英

1956：《锁不住》饰玉青

1957：《阳关大道》饰大兰

1957：《边寨烽火》饰玛诺

1958：《英雄虎胆》饰阿兰

1958：《县委书记》饰郑铁妞

1958：《一日千里》饰小夏

1958：《返老还童》饰沈小平

1959：《海鹰》饰吴玉芬

1961：《碧空雄师》饰林巧

1962：《鄂尔多斯风暴》饰乌云花

1963：《野火春风斗古城》饰金环、银环

1977：《震》饰丁医生

1982：《翔》饰蔡翩翩兼编剧、导演、独唱

1986：《老乡》导演、与董晓华联合编剧

1990：《开心果》编剧

1995：《士兵的荣誉》改编

1996：《追踪李国安》策划、编导、解说词

2000：《芬芳誓言》总策划、导演、与王宸联合编剧

2021：《演员》（纪录电影）

获奖记录：

1958：第 11 届卡罗维·发利国际电影节青年演员奖

1962：新中国"22 大电影明星"

1995："中华影星"称号

1995：中国电影世纪奖优秀女演员

2001：第 21 届中国电影金鸡奖最佳编剧

2002：意大利第三个千年国际奖

2005："中国电影百年百位优秀演员"称号

2005："国家有突出贡献的电影艺术家"荣誉称号

2009：中国电影表演艺术学会金凤凰奖终身成就奖

2012：华鼎奖中国电影终身成就大奖

2015：中国电影金鸡奖终身成就奖

从艺经历：

1934 年，王晓棠出生于河南开封。抗战爆发后，随父母迁居重庆，受毕业于南京美专的父母和当时聚集于重庆的众多文艺名家的影响，王晓棠对文学艺术情有独钟。小学时拜京剧名家郎定一学习京剧和昆曲，中学时参加校内各种演出。1948 年王晓棠随父母回到家乡南京后迁杭州，在浙江省立女中毕业后，遵重庆中学时刘家树老师之嘱，一心想报考上海戏剧专科学校，由于学校并不招生，在黄宗英的建议下，王晓棠决心参军。

1952 年 9 月，中国人民解放军总政文工团到上海招京剧、越剧名角时，黄宗英和赵丹把她推荐给来负责招考的大哥黄宗江，报经总政文化部陈沂部长批准，王晓棠作为特招对象入伍进入总政京剧团，1953 年调入总政话剧团担任演员。

1955 年，长春电影制片厂导演林农和朱文顺为新影片选女主角，听说京剧团有个报幕的女演员很出色，到京剧团去找，得知已调话剧团。1955 年元旦见到本人非常满意，这是王晓棠主演的第一部电影《神秘的旅伴》，在片中饰演美丽、机智又勇敢的彝族姑娘小黎英。1957 年，长影拍摄本厂第一部彩色故事片《边寨烽火》，导演林农再邀王晓棠来扮演女主角玛诺，获得第 11 届卡罗维·发利国际电影节"青年演员奖"。

1958 年，王晓棠调入八一电影制片厂，成为专业电影演员，出演《英雄虎胆》《县委书记》《海鹰》《鄂尔多斯风暴》《野火春风斗古城》等。1966 年，在"文革"中王晓棠受到迫害，1969 年被特殊复员到北京怀柔的北台上林场做林业工人 6 年，1975 年平反重返八一厂。

1977 年，在史文帜执导的电影《震》中饰演丁医生。1982 年，王晓棠自编、自导、自演影片《翔》。此后编导的《老乡》《开心果》《士兵的荣誉》《追踪李国安》《芬芳誓言》均硕果连连。1988 年任八一电影制片厂副厂长，1992 年 9 月当选中共十四大代表，同年 9 月任厂长，1994 年同时任党委书记，期间组织摄制了《大转折》《大进军》系列大片，连同任副厂长时拍摄的《大决战》，成为全景式呈现党史、军史的鸿篇巨制。1993 年 7 月王晓棠晋升少将，1993 年至 2002 年任第八届、第九届全国政协委员，1998 年当选为中国电影家协会副主席。

王晓棠在《边寨烽火》中饰演玛诺

王晓棠在《海鹰》中饰演吴玉芬

王晓棠在《神秘的旅伴》中饰演小黎英

王晓棠在《神秘的旅伴》中饰演小黎英

王晓棠在《野火春风斗古城》中饰演金环

王晓棠在《野火春风斗古城》中饰演银环

庞学勤

战火青春

庞学勤和金迪是"22 大电影明星"当中长春电影制片厂的两位艺术家。庞学勤后来移居珠海，金迪后来移居深圳。

庞学勤曾多次做客《流金岁月》节目，我也曾去珠海他的家中拜访。去珠海那次，庞学勤的爱人杨洸女士还健在。庞学勤有两个儿子，哥哥庞好子承父业，也干了电影。弟弟庞洋，因为跟我年龄接近，也成为了好友，现在也在做影视工作。2002 年我主办"22 大电影明星"相聚的晚会时，我记得庞学勤演唱了电影《战火中的青春》中的一首歌"我扛起了三八枪，子弹上了膛……"

10 年后的 2012 年，我再一次做"22 大电影明星"的聚会，这次是 50

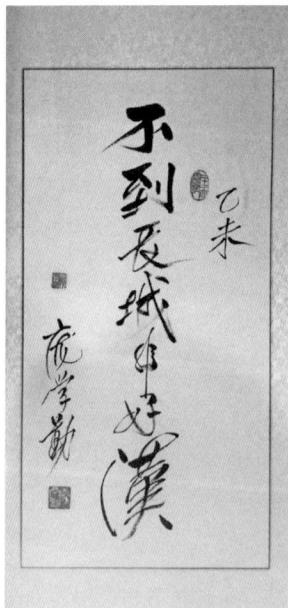

年了，庞学勤特意给我打来电话，说他的医生不建议他在冬天来到北京。我们请他拍摄了祝福的短片。那天录制的时候，庞洋还专程赶来了，也介绍了一下他父亲的身体状况。不久后，我收到了庞老师给我写的两幅字，我才知道，庞老师的书法造诣如此高深。这两幅字已经被我裱了起来，挂在我的办公室里。我经常会想起他。

据说，庞学勤老师是突然身体不适辞世，并没有遭受痛苦，这令人稍感安慰。而庞洋的儿子也将像爷爷一样成为一名演员，值得我们期待。

庞学勤个人小传

姓　　名：庞学勤（1929.05.04—2015.10.12）

籍贯出生地：江苏省阜东县东坎镇（今江苏省滨海县）

毕业院校：北京电影学校表演一班（北京电影学院表演系前身）

职　　业：演员

电影作品：

1954：《沙家店粮站》饰我军干部

1957：《边寨烽火》饰指导员

1958：《东风》饰郑浩

1958：《悬崖》饰老黄

1958：《党的女儿》饰敌军官

1958：《心连心》饰李文彩

1958：《古刹钟声》饰王科长

1959：《船厂追踪》饰车间主任

1959：《试航》饰技术员

1959：《战火中的青春》饰雷振林

1959：《朝霞》饰林征

1960：《烽火列车》饰王书记

1962：《甲午风云》饰王国成

1962：《炉火正红》饰田宏

1962：《七天七夜》饰团长

1963：《独立大队》饰刁飞虎

1964：《南海的早晨》饰海军指挥官

1964：《兵临城下》饰李忠民

1965：《烈火中永生》饰彭松涛

1972：《艳阳天》饰萧长春（未公映）

1984：《花园街五号》饰刘钊

1991：《追赶太阳的人》艺术指导兼饰张南健

1992：《死不回头》艺术指导

获奖记录：

1962：新中国"22大电影明星"

1995："中华影星"称号

2005："中国电影百年百位优秀演员"称号

2005：中国电影表演艺术学会金凤凰奖特别荣誉奖

2005："国家有突出贡献的电影艺术家"荣誉称号

2012：华鼎奖中国电影终身成就大奖

2014：中国电影金鸡奖终身成就奖

从艺经历：

1929年庞学勤出生于江苏省阜东县（今滨海县）东坎镇一个商人家庭。因新四军的军部就设在东坎镇，他自幼就受到革命文艺的熏陶，且形象又好，在哥哥的影响下，15岁那年，就参加了阜东文工团任演员，16岁就担任了东坎青工剧团副团长。1947年，18岁的庞学勤参加了解放军苏北军区文工团做演员。1951年，他被送往中央电影局表演艺术研究所（即北京电影学院前身）表演一班学习，是新中国电影专业学历教育培养的第一批演员。1956 年前往长影厂演员剧团担任专业电影演员。

1957 年，他在林农执导的长影首部彩色故事片《边寨烽火》中出演男二号边防军指战员，在 1954 年只出演过《沙家店粮站》一个小角色的庞学勤凭借清俊的外形而受到观众的喜爱。紧接着，他又在朱文顺执导的惊险片《古刹钟声》中成功地塑造了一位智勇双全又沉着冷静的侦察科长的形象，广受好评。国庆十周年之际，庞学勤在《战火中的青春》中扮演男主角雷振林，在表演上，他吸收别人的意见和建议，重点突出了雷振林这位军人的热情、硬朗、刚毅的一面，印证了王炎导演对他塑造角色能力的判断，得到了周扬、袁文殊、金山、田汉、陈荒煤等领导和专业人士的一致好评，同时也成为观众追捧的大明星。1962 年，当选"22 大电影明星"。

成为"22 大电影明星"后，庞学勤从未骄傲自满，更没要求过"非主角不演"，他多次出演配角甚至大胆尝试反派。这之后，他陆续参演《甲午风云》《独立大队》《兵临城下》《烈火中永生》等多部影片，塑造了各种不同的人物形象，给观众留下了非常难忘的印象。1973 年担任长春电影制片厂的党委副书记，同年开始担任长春电影制片厂的副厂长。1977 年，担任长春电影制片厂的艺术副厂长。在 54 岁那年复出，第三次和李默然合作主演了《花园街五号》。1986 年调珠海任珠海市政协副主席；1989 年，担任珠海市人民政府顾问。1991 年，在纪念珠海经济特区成立十周年之际主演了长子庞好导演的电影《追赶太阳的人们》。2014 年，庞学勤获得第 23 届中国金鸡百花电影节终身成就奖。2015 年 10 月 12 日上午，庞学勤在珠海逝世，享年 86 岁。

庞学勤在《战火中的青春》中饰演雷振林

庞学勤在《古刹钟声》中饰演王科长

庞学勤在《兵临城下》中饰演李忠民

庞学勤在《兵临城下》中饰演李忠民

庞学勤在《花园街五号》里饰演刘钊

庞学勤在《甲午风云》中饰演王国成

金　迪

幸运女孩

演员
yanyuan

2021 年 4 月，我去金迪、崔屹峰老师在北京的家拜访，二老在家中看电视，状态非常好，跟我回忆了不少长影往事。他们的儿子放放刚好代父母回苏州扫墓不在家，我探望结束也告知了放放"父母均好，勿念"。

这次拍摄纪录片《演员》，遗憾的是，庞学勤没有能够出现在影片当中，但是当我看到金迪的时候，也会想起年轻时同样在长影创造了辉煌的他。

改革开放之后，金迪去了深圳电视台做导演，三年前与丈夫和小儿子迁居北京。

在 2018 年的拍摄和采访当中，金迪给我讲述了她与外甥女甄妮的一段往事。金迪的姐姐在新中国成立后去了台湾，生下了女儿甄妮，金迪就有了这样一个外甥女，但她们一直没有见过面。直到有一年，甄妮来深圳举办演唱会，金迪获邀去欣赏。当时有一个令人感动的场面就是，在唱完一首歌之后，甄妮对全场的观众说："舞台底下坐着一位我从未见过的亲人，她就是我的亲姨妈金迪。"当时场上掌声雷动，金迪觉得很意外，但同时也很感动。

同样由于影片的容量有限，这段真情的讲述在成片中也被剪掉了。所以这部书的一个珍贵之处就在于，片中所没有体现的很多内容，或许可以在书中得到一个补充。

2020 年 11 月，金迪荣获了金鸡百花奖授予的"终生成就奖"。

金迪个人小传

姓　　名：金迪（1933.02.25—　　）

原　　名：金慧琴

曾 用 名：金狄

籍　　贯：江苏省苏州市

出 生 地：上海

学　　历：东北鲁迅文艺学院戏剧系

职　　业：演员、导演

电影作品：

1957：《花好月圆》饰袁小俊

1959：《笑逐颜开》饰罗玉华

1959：《我们村里的年轻人》饰孔淑贞

1959：《红旗一号》（未公映）

1961：《刘三姐》饰村姑

1963：《我们村里的年轻人》（续集）饰孔淑贞

1964：《英雄儿女》饰朝鲜大嫂

1980：《我的十个同学》饰罗从芬

1981：《被爱情遗忘的角落》饰英娣娘

1984：《大雁北飞》编剧之一兼饰成玉兰

2021：《演员》（纪录电影）

获奖记录：

1962：新中国"22 大电影明星"

1995："中华影星"称号

2012：华鼎奖中国电影终身成就大奖

2017：中国电影表演艺术学会金凤凰奖特别荣誉奖

2020：中国电影金鸡奖终身成就奖

从艺经历：

金迪是在上海读的小学和中学，学生时代她就十分喜欢唱歌跳舞。1949 年，金迪考取了空军文工团，但是因为家庭反对没有去成。1950 年，金迪先斩后奏又考取了东北鞍山文工团，虽然父母还是不同意，但是哥哥、嫂子和姐姐都很支持她并资助她去东北入职。从上海来到鞍山，一起从上海同来的 100 多位学员由于受不了条件的艰苦和练功的辛劳，先后有 80 多人离开。但金迪是真心热爱文艺事业，她坚持了自己选择的道路。1952 年，文工团响应国家号召精减人员，刚加入新民主主义青年团的金迪不想放弃，她甚至拒绝了已在香港定居的哥哥一家前往香港的邀请，报考了东北鲁迅文艺学院并被戏剧系录取。

1953 年，东北鲁迅文艺学院戏剧系并入到东北人民艺术剧院（辽宁人民艺术剧院前身），金迪和王秋颖、李默然成了同事，并和李默然一起主演了名著改编的《尤利乌斯·伏契克》。金迪在东北人艺期间，有《神秘的旅伴》《上甘岭》《青春的脚步》《洞箫横吹》等多部电影都曾希望金迪来主演，但是院里就是不放人。

1956 年，已经更名的辽宁人民艺术剧院排演了两台话剧轰动全国，一是《前进，再前进》，还有一个是曹禺的《日出》，金迪饰演的徐柏贞和"小东西"均收获好评，而且在全国话剧汇演中获了表演奖。《日出》在演出结束后还受到了周总理的亲切接见。

1957 年，长影的著名导演郭维在成功执导了《董存瑞》《智取华山》后，决定甩掉"战争导演"的帽子，拍摄根据赵树理的小说《三里湾》改编的农村喜剧片《花好月圆》，金迪首次"触电"扮演性格泼辣的袁小俊。

1958 年，长影决定拍摄老作家马烽的《我们村里的年轻人》，导演苏里曾邀请金迪出演自己执导的《青春的脚步》未果，这次他看中的是金迪出演孔淑贞一角。原本，金迪的丈夫就在长影从事译制片配音工作，长影厂将金迪调入了长影，金迪也终于可以名正言顺地演电影了。经过两次拍摄，《我们村里的年轻人》终于上映了，金迪为观众奉献了一个学好文化服务于家乡的新一代农村知识女性形象，当时激励了众多青年纷纷效仿电影里的孔淑贞，投身到祖国的新农村建设中去。在如今国家精准扶贫，建设美丽乡村的时刻，此片仍具有重要的现实意义。

1959 年，金迪主演和出演的《我们村里的年轻人》《笑逐颜开》两部影片均入选庆祝新中国成立 10 周年的献礼片。上映后不仅在国内引起了很大反响，《我们村里的年轻人》更是翻译成多语种版本发行到了海外，1963 年此片还应观众要求拍摄了续集，同样影响非凡。大家现在看到的影片中有英文和阿拉伯文字幕就知道此片在当时的影响力。

"文革"中金迪同样遭到了冲击，全家被下放到吉林通化的农村。

1975 年调入人才缺乏的峨眉电影制片厂，但是仍作为"内控人员"使用，只拍摄了三部故事片。1985 年，成立 5 年的深圳特区的发展已经初具规模，金迪随之调到深圳电视台工作直到退休。

金迪在《花好月圆》中饰演袁小俊

金迪在《我们村里的年轻人》中饰演孔淑贞

金迪在《我们村里的年轻人》（续集）中饰演孔淑贞

金迪在《我们村里的年轻人》（续集）中饰演孔淑贞

金迪在《笑逐颜开》中饰演罗玉华

金迪主演的《我们村里的年轻人》上了《大众电影》的封面

祝希娟

出道即巅峰

祝希娟应该是一个幸运的人。当她还是一名学生的时候，就被谢晋导演选中，出演影片《红色娘子军》的女主角，且一举成名，并拿下新中国成立以来设立的第一个电影奖项——大众电影百花奖最佳女主角奖。幸福来得如此突然，每个人包括她自己，都会思索一个问题：她今后的艺术与人生将走向何方？祝希娟以她自身的经历，告诉我们她是一位非常有创造力的艺术家，无论是在话剧舞台，还是在银幕上。从中也可以看出，一部成功的艺术作品，是多么重要。一位艺术家能有一部代表作且被观众永远记住，是多么有意义。

祝希娟后来与谢晋再次合作拍摄了《啊！摇篮》，也挑战过喜剧形象，那是 20 世纪 80 年代在潇湘电影制片厂拍摄的《模范丈夫》。她认为，自己实际上是一位舞台剧演员，所以她的电影作品并不多。这是一个很有意思的现象。她也谦逊地回忆说，自己在"22 大电影明星"中占有一席之位，是得到了前辈演员的谦让以及对新人给予培养的那个时代。

改革开放以后，祝希娟南下深圳，在深圳电视台工作了多年，如今和老伴同住养老院，且学会演唱京剧。在出席各项电影活动中见到她，都是精神饱满，采访中逻辑线条清晰，语言表达非常流畅。她活出了我们所希望看到的老艺术家该有的样子。

作为"22大电影明星"当中年纪最小的一位，前些年祝希娟拍摄了一部系列电视专题片，给每一位她的老伙伴单独做了一集，以这样的方式表达对那段历史、那些同行的敬意。这也是她在电视台工作后所产生的媒体人的专业意识。在这一点上，我们有很多地方可以沟通。

时至今日，当我作为一名观众再次观看《红色娘子军》这部影片，依然会被祝希娟所扮演的吴琼花身上所迸发的澎湃的激情所感动。影片成功的背后是每一位创作者为此做出的付出、努力。那种把角色和自己融为一体的过程，是艰难的，有时是痛苦的，甚至是令人绝望的。但是正因为有了这些，才能在60余年后，再看到这样的作品时依然为之打动。祝希娟回忆说，她进入上海戏剧学院表演系上的第一课就是演员的道德，对于艺德的坚守是她一生的追求。这是演员的魅力，也是电影的魅力。

祝希娟个人小传

姓　　名：祝希娟（1938.01.17—　　）

籍　　贯：江西省南昌县（今南昌市）

出 生 地：江西省赣州市

学　　历：上海戏剧学院表演系毕业

职　　业：演员

电影作品：

1949：《为孩子们祝福》

1961：《红色娘子军》饰吴琼花

1962：《燎原》饰秋英

1964：《青山恋》饰山雀

1974：《无影灯下颂银针》饰李志华

1979：《啊！摇篮》饰李楠

1981：《模范丈夫》饰刘莉

1986：《男性公民》制片主任

1989：《最后的贵族》饰张母

2002：《送你送到小城外》

2006：《老人的故事》

2007：《七彩马拉松》饰金母

2009：《滑向未来》艺术总监

2009：《寻找成龙》饰奶奶

2012：《井冈恋歌》饰老年竹妹子

2012：《飞越老人院》

2012：《三个未婚妈妈》饰刘二彪的母亲

2013：《申纪兰》饰申纪兰

2018：《那些女人》

2018：《浴血广昌》饰赖婆婆

2018：《大雪冬至》饰魏大雪

2020：《空巢》饰赵一梅

2020：《天下无拐》饰妞妞奶奶

2021：《演员》（纪录电影）

获奖记录：

1962：第一届大众电影百花奖最佳女演员

1962：新中国"22 大电影明星"

1995："中华影星"称号

1995：中国电影世纪奖优秀女演员

2005："中国电影百年百位优秀演员"称号

2005："国家有突出贡献的电影艺术家"荣誉称号

2012：华鼎奖中国电影终身成就大奖

2017：中国电影表演艺术学会金凤凰奖特别荣誉奖

2018：国电影金鸡奖终身成就奖

2019：国电影表演艺术学会金凤凰奖终身成就奖

从艺经历:

祝希娟是江西省南昌县(今南昌市)人,1938年出生于江西赣州一个知识分子家庭。她性格活泼、直爽,家里人都很喜欢。抗战胜利后举家迁入上海,因为她的姐姐喜欢文艺,所以小祝希娟常跟着姐姐去排练和演出。1949年复旦大学排演歌舞剧缺一个扮演自由神的演员,就让祝希娟顶上去,而且很成功。上海解放了,昆仑影业公司拍摄《为孩子们祝福》,祝希娟被选中出演了一个群众角色,这是她的银幕处女作。中学毕业时在语文老师的鼓励下,钟情于戏剧表演的祝希娟考取了上海戏剧学院表演系。在排练实习话剧《在和平的日子里》的时候,为《红色娘子军》苦苦寻找女主角吴琼花的谢晋导演来学校,在后台看见和男同学争论的祝希娟,那双火辣辣的大眼睛不正是"吴琼花"嘛!谢晋又继续或明或暗地接触祝希娟,发现她素质不错,是合适的人选。在剧组去海南岛体验生活时,又把到组的女演员集中到一起请编剧梁信确认,梁信一眼就看中了祝希娟。谢晋坚信自己的判断,顶住压力起用祝希娟主演《红色娘子军》收获了巨大成功,一举夺得首届大众电影百花奖最佳女演员奖。

大学毕业时,祝希娟谢绝了电影厂抛来的橄榄枝,决定留在上海戏剧学院实验剧团(上海青年话剧团前身),除了演出多台话剧不出演了《燎原》和《青山恋》两部电影。"文革"期间只拍摄了《无影灯下颂银针》。改革开放后,谢晋导演拍摄反映延安保育院生活的故事片《啊!摇篮》,因为扮演女主角的施建岚意外受伤,所以祝希娟扮演女主角是被临时拉来救场的。这个角色有较大的性格转变,内心活动也比较复杂,祝希娟凭借多年的舞台与银幕的表演实践出色地完成了任务，10 年后又和谢晋合作了《最后的贵族》。

　　1983 年，祝希娟离开上海调往深圳电视台任副台长兼深圳电视艺术中心主任，为深圳的电视剧事业做出了贡献。

祝希娟在《红色娘子军》中饰演吴琼花

祝希娟在《青山恋》中饰演山雀

牛 犇

小角色、大人物

演员
yanyuan

　　在我重温祝希娟、王心刚主演的《红色娘子军》时，我无法忽视王心刚身边那位小勤务员的扮演者牛犇，他的表演如此朴实、自然。

　　人们常说配角是绿叶，牛犇很好地诠释了这一点。我们查了一下，他在160多部影片当中担任角色，当然绝大多数是配角。在《牧马人》中的自然主义的表演，使他荣获了他人生中的第一个奖项——百花奖的最佳男配角奖。那次获奖让他思索了很多，在采访中他说："早知道观众这么喜欢我这个人物，我应该再用心、再努力地去琢磨、钻研这个角色。"

　　他也谈到主角和配角的关系，以及对扮演小人物的个人心得。他说的很简单：在配角身上的戏份是不多的，那么作为扮演配角的演员就应该珍惜自己的每一场戏。他也是这么做的。

　　这样一位在银幕上塑造了诸多小人物形象的演员，在83岁的时候，成为了新闻的焦点，那一年他入党了。拍摄他的时候，他的胸前别着一枚党徽。他也说到自己是一个穷孩子、苦孩子出身，能够成为一名在表演上有建树的艺术家，他的内心是知道该感谢谁的。入党这件事，对于牛犇来说，不是作秀，而是发自心底的一种真挚表达。这一点在我们近距离地采访与沟通中，我能强烈感受到，他的爱就是那么炽烈和热诚。

牛犇是现在老艺术家中为数不多的、依然活跃在各个剧组的一位。他的身体也很争气，使得他可以直到现在还在不断地创造着新的角色。这是一个演员的幸福，也是一位 80 多岁的艺术家的幸福。

2020 年 11 月，在厦门举办的金鸡电影节上，我看到牛犇的儿子王侃陪伴着父亲出席活动。王侃在日本待了将近 20 年，回国后也经常在影视剧中扮演一些角色，也扮演过日本鬼子。通过交流我们才得知，牛犇老师也一直在从事着公益活动。他自己住在养老院，也用自身的影响力，去为多所养老院提供帮助。这一切在采访中，牛犇并没有告诉我。我们也得知在参加活动之后，他又要去剧组拍摄。他就是那样忙忙碌碌、快快乐乐。他是我们在重温经典影片时，总会不经意地出现在你眼中的那位演员，他是我们热爱老电影的原因之一。

2021 年 4 月，我在郭凯敏先生的陪伴下去上海的第六医院探望了刚刚动了一个小手术的牛犇老师，他依然那么活跃和乐观，并且说："我现在背台词没问题，要多演戏"。

祝福牛犇！

牛犇个人小传

姓　　名：牛犇（1935—　　）

本　　名：张学景

出 生 地：天津

职　　业：演员、导演

电影作品：

1946：《圣城记》饰小牛子

1947：《天桥》

1947：《甦凤记》饰小虎子

1948：《满庭芳》

1948：《火葬》饰小掌柜

1949：《海誓》饰小雄

1949：《大凉山恩仇记》

1951：《神·鬼·人》

1952：《龙须沟》饰二嘎子

1953：《生与死》

1954：《山间铃响马帮来》饰密乌

1956：《沙漠里的战斗》饰小牛

1956：《春天来了》饰小皮猴

1957：《海魂》饰小于

1959：《沙漠追匪记》饰小姜

1961：《红色娘子军》饰小庞

1962：《燎原》饰李魁

1963：《球迷》饰裘糜

1963：《飞刀华》饰李少雄

1963：《蚕花姑娘》饰水泉

1980：《405 谋杀案》饰看守

1980：《天云山传奇》饰王立汉

1982：《泉水叮咚》饰大刘

1982：《笔中情》饰酒店主

1982：《牧马人》饰郭口扁子

1983：《鼓乡春晓》饰针鼻子

1984：《邮缘》饰老韩

1985：《淘金王》饰王保子

1985：《日出》饰小顺子

1985：《高中锋矮教练》饰矮教练

1987：《温柔的眼镜》饰吕学宾

1987：《偷来的爱》饰顺兴

1987：《让世界充满爱》饰马科长

1988：《笑出来的眼泪》饰钟文坚

1988：《棋王》饰书记

1988：《男女有别》饰老何

1989：《假大侠》饰章避火

1989：《怪音》饰王爷爷

1989：《大丈夫的私房钱》饰陆老师

1990：《面目全非》饰钟科长

1990：《多此一女》饰钟经理

1991：《新潮姑娘》

1991：《妙探》饰分局长

1991：《不要问我从哪里来》饰大智

1992：《山神》饰英子爹

1992：《望父成龙》饰老校长

1992：《祝你好运》饰老付

1994：《乔迁之喜》饰孔亮

1994：《活着》饰镇长

1994：《女人万岁》饰钟园长

1998：《媳妇你当家》饰曹三冒

2000：《幸福时光》饰老牛

2002：《生死速递》饰爷爷

2003：《军火》饰李警长

2003：《最后的爱最初的爱》饰父亲

2003：《三十八度》饰旅客

2006：《第601个电话》饰李老头

2007：《两个人的教室》饰赵老师

2007：《两个傻瓜的荒唐事》饰公交乘客

2009：《桔乡傩缘》饰甘火旺

2010：《河长》饰张清水

2010：《大兵小将》饰老者

2011：《俣·恋》饰乌和老爹

2011：《旋转的晚风》饰姚伯仲

2011：《女兵还乡》饰长寿

2012：《飞越老人院》饰老金

2012：《铜雀台》老宦官

2013：《飘香》饰爷爷

2013：《共青城》饰滕海林

2013：《宝贝快跑》饰尹裁缝

2013：《老班主》饰丁百雄

2013：《不肯去观音》饰余秀峰

2013：《周恩来的四个昼夜》饰郭百岁

2014：《情笛之爱》饰天乐爷爷

2014：《深夜前的五分钟》饰老钟表匠

2014：《一步之遥》饰牛大爷

2015：《一路惊喜》饰老贺

2015：《爱我就陪我看电影》饰牛爷爷

2015：《海鸥老人》饰老人

2015：《桑榆街 9 号》饰傅涛

2016：《爱的钟声》饰雨生爷爷

2016：《茉莉花开的时候》饰老校长

2017：《感恩有缘》饰老年严福德

2017：《邹碧华》饰上访老人

2017：《爱的帕斯卡》饰理发师

2018：《歌带你回家》饰老书记

2018：《因果启示录》饰吴贵

2019：《那些女人》饰陈老爹

2019：《一切如你》

2019：《梦里回到昨天》饰爷爷

2021：《演员》（纪录电影）

获奖记录：

1983：第 3 届中国电影金鸡奖最佳男配角，第 6 届大众电影百花

奖最佳男配角

1995："中华影星"称号

1997：第 20 届大众电影百花奖最佳男配角

1999：第 22 届大众电影百花奖最佳男配角

2005："百年百位优秀电影演员"称号

2009：中国电影表演艺术学会金凤凰奖特别荣誉奖

2017：中国电影表演艺术学会金凤凰奖终身成就奖

2017：金鸡奖终身成就奖

从艺经历：

牛犇本名张学景，生于天津一个小职员家庭，6 岁时同一天父母双亡，跟随哥哥生活。抗战胜利后，哥哥受雇于北平"中电三厂"做司机，牛犇从此与电影结缘。1946 年，经谢添保举他在中电三厂拍摄的影片《圣城记》中首次"触电"，饰演村童"小牛子"。《圣城记》上映以后，人们就开始叫他"小牛子"。此后又拍了《甦凤记》《天桥》《满庭芳》。1948 年，白杨推荐牛犇赴香港拍摄《火葬》，临行前谢添

导演为他更名牛犇，"犇"者跑也，从此，牛犇就像牛一样在银幕上一直奔跑到现在。1952 年，牛犇跟着大光明影业公司从香港回到上海加入长江影业公司，又应邀去北京参加电影《龙须沟》的拍摄，拍完《龙须沟》回到上海成了上影演员剧团的演员。70 余年的演艺生涯中，出演影视片上百部，大多扮演配角，却个个性格鲜明。2018 年 5 月 31 日，以 83 岁高龄光荣地加入中国共产党，是目前仍活跃在银屏上的"不老松"。

牛犇在《海魂》中饰演小虞

牛犇在《牧马人》中饰演郭口扁子

牛犇在《泉水叮咚》中饰演大刘

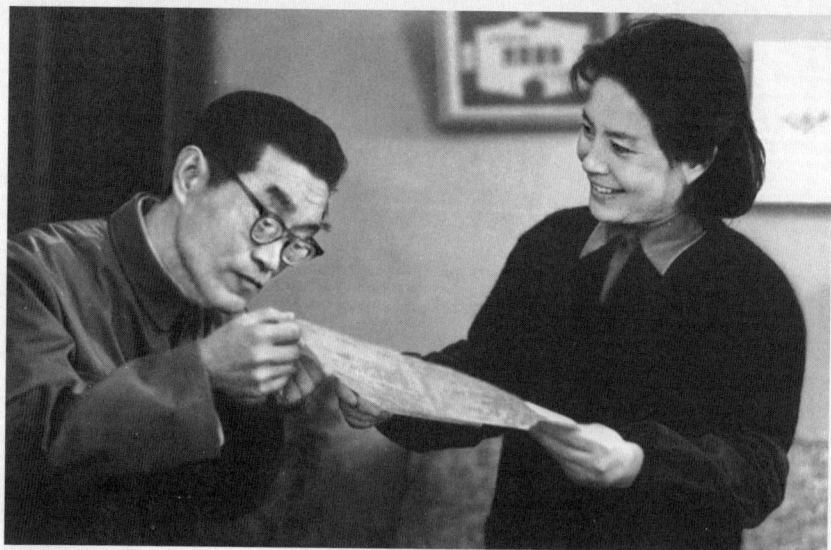

牛犇在《邮缘》中饰演老韩

牛犇在《沙漠追匪记》中饰演小姜

牛犇在《沙漠追匪记》中饰演小战士

作者看望艺术家牛犇

刘　琼

"电影皇帝"

演员

在上影演员剧团，我们采访了演员周国宾，他在多部影片中扮演配角。他经常提到前辈对他的影响，也提到牛犇、白穆等经常扮演小人物的，有很高造诣演员的教诲。他还提到了刘琼，刘琼是 30 年代上海影坛的电影皇帝，是观众非常喜欢的一代偶像。

周国宾对刘琼先生的一句话印象特别深刻，他说："演员往往是从跑龙套开始，也从跑龙套结束。"

这句话其实是非常有哲理，有深刻含义的。我的理解是，在人生的道路上，每个人其实是匆匆的过客，尽量走好每一段属于你的路，并怀着一种平和的心态，去看待你在这条路上所遭遇的一切，赞美、掌声、非议、质疑等等。

过来人用他们一生的时光，告诉我们一些朴素的道理，这也是我为什么特别愿意与这些长者交流的原因。

"跑龙套"三个字，看似简单，实则是一种深刻的人生态度。秦怡的自传书名也叫《跑龙套》，或许在那样一个环境下，每一位艺术工作者，都能够对自己所从事的工作有一个清醒而自谦的认识。

说到刘琼，20 世纪 90 年代在一个电影节上，我曾经跟他在一个餐厅吃早饭。在此之前我曾经在上海他的家中对他有过一次采访，我记得当时是谈他导演的电影《乔老爷上轿》，并没有展开其他内容。所以这次在餐厅遇到他，我又斗胆走上去，与他约定采访的时间。

现在回想起来，刘琼看我的眼神的含义是多么的意味深长，或许他在想：多么年轻的孩子呀！我的这些往事跟你说了，你能听懂吗？我是这样理解他当时跟我沟通时的潜台词。他微笑着拒绝了我。

刘琼是在我的记忆中挥之不去的一位艺术家，无论是他早期主演的电影，或是五六十年代他导演的作品，以及后来他为数不多的如在《女篮五号》及《牧马人》当中的惊鸿亮相，或是我在 20 世纪 90 年代与他两次珍贵的相逢……他给我留下的印象，是一位充满才情、智慧、宽厚，对人生充满着热爱，而又低调、慈善的一位电影界的长者。很庆幸我曾经与这样的电影人直接近距离交汇过。在重温他的老片子时，我似乎能穿越到 20 世纪三四十年代，体会着那时期上海电影的沧海桑田。

刘琼个人小传

姓　　名：刘琼（1913.10.16—2002.04.28）

原　　名：刘伯瑶

民　　族：汉族

籍　　贯：湖南湘阴

出 生 地：北京

学　　历：上海法学院

职　　业：演员、编剧、导演

电影作品：

1934：《大路》饰刘长

1935：《小天使》

1935：《新女性》饰医生

1936：《迷途的羔羊》饰任特猛

1936：《狼山喋血记》饰刘三

1937：《联华交响曲·陌生人》

1937：《如此繁华》饰刘英华

1937：《人海遗珠》饰王小芳

1937：《镀金的城》

1937：《前台与后台》饰盖百岁

1937：《北战场精忠录》

1937：《自由天地》饰胡英

1938：《艺海风光·电影城》

1938：《武松与潘金莲》饰西门庆

1938：《茶花女》饰杜亚蒙

1938：《离恨天》饰阿炳

1939：《少奶奶的扇子》饰刘一飞

1939：《金银世界》饰张伯南

1939：《费贞娥刺虎》

1939：《文素臣》

1940：《隋宫春色》饰马应龙

1940：《花魁女》饰卖油郎

1940：《杜十娘》饰李甲

1940：《岳飞》饰岳飞

1940：《乱世佳人》饰周邦彦

1941：《断肠花》饰赵克英

1941：《明月重圆夜》饰吴纯之

1941：《生离死别》饰刘汉云

1941：《生路》饰陈先生

1941：《夜半歌声》（续集）饰宋丹萍

1941：《家》饰高觉民

1942：《欢喜冤家》饰刘子明

1942：《洞房花烛夜》饰梁绍宗

1942：《蝴蝶夫人》饰刘伯瑶

1942：《博爱》

1943：《水性杨花》

1943：《良宵花弄月》饰唐芸生

1943：《回春曲》编剧、导演兼饰江涛

1943：《第二代》饰江院长

1943：《两地相思》饰沈耕莘

1946：《忠义之家》饰华耿斋、华维刚

1946：《铁骨冰心》饰刘万新

1947：《大地回春》饰柳长春

1947：《不了情》饰夏宗豫

1947：《迎春曲》饰萧逸云

1947：《春残梦断》饰咸壮猷

1947：《乱世儿女》

1948：《国魂》饰文天祥

1949：《大凉山恩仇记》

1950：《豪门孽债》导演兼饰岑默

1951：《火凤凰》饰朱可期

1951：《神·鬼·人》

1952：《方帽子》与李萍倩联合导演兼饰李树华

1952：《青春之歌》与胡小峰联合导演兼饰张韵岚

1954：《山间铃响马帮来》饰拉若埃

1956：《两个小足球队》导演

1956：《宋士杰》与应云卫联合导演

1957：《海魂》饰舰长

1958：《女篮五号》饰田振华

1958：《翠谷钟声》导演

1958：《巨浪》导演

1959：《乔老爷上轿》导演

1959：《女驸马》导演

1960：《六十年代第一春》与沈浮、林杨联合导演

1961：《51号兵站》导演

1964：《阿诗玛》导演

1976：《欢腾的小凉河》与沈耀庭联合导演

1978：《沙漠驼铃》导演

1981：《李慧娘》导演

1982：《牧马人》饰许景由

1983：《海上生明月》总导演

1986：《最后的太阳》饰汪闻辉

1987：《死神与少女》饰田庚

1987：《男人的世界》饰老画家

1987：《苏禄国王与中国皇帝》饰张谦

1990：《落山风》饰林院长

1991：《女人 TAXI 女人》饰老者

1993：《梦非梦》饰沙院长

1994：《都市萨克斯风》饰田中雄

获奖记录：

1988：第八届中国电影金鸡奖特别奖

1991：电影表演学会奖

1995："中华影星"称号

1995：中国电影世纪奖优秀男演员

2005："中国电影百年百位优秀演员"称号

从艺经历：

刘琼就读法学院时，学校离联华影业公司不远。联华影业公司的一些演员经常到学校来打篮球，一来二去，刘琼就认识了金焰和吴永刚，还在读书的时候刘琼就对电影产生了极大的兴趣。1934年经金焰介绍加入"联华"，在孙瑜导演的《大路》中扮演筑路工人刘长。相继拍摄了《小天使》《迷途的羔羊》《狼山喋血记》《联华交响曲·陌生人》《自由天地》等影片。

1937年"八·一三"事变后，他去了香港，不久又回上海，期间曾演过《文天祥》等话剧。

1938年，他在新华影业公司拍摄的《武松与潘金莲》中扮演西门庆，风流倜傥的气质将西门庆演得活灵活现，给人留下了深刻的印象。从此以后，他便开始担任主角。

1938年至1941年间，他在"新华""华新""华成"三家公司拍摄了《离恨天》《金银世界》《杜十娘》《岳飞》《乱世佳人》等十多部影片。在《金银世界》一片中他扮演的张伯南，为他奠定了影坛小生的重要地位，其后拍摄的《生离死别》，更使他走红影坛。随后，他又主演了朱石麟编导的《家》《洞房花烛夜》等片。

1942年在中华联合制片股份有限公司主演《蝴蝶夫人》等影片，在片中扮演了自己原来的本名角色。1943年参加上海剧艺社，后转入天风等剧社，主演话剧《长恨歌》《蔡松坡》《海国英雄——郑成功》

等话剧，首次编导演了故事片《回春曲》。抗日战争胜利后重返电影界，他在"中电二厂""文华"等几家公司主演了《忠义之家》《大地回春》《不了情》等几部影片。

1947 年，他去香港为永华影片公司拍摄了《国魂》和《大凉山恩仇记》。后来，他先后加入蔡楚生发起的 50 年代影片公司及"长城""龙马"等公司，拍摄了《火凤凰》《神·鬼·人》并再次开始导演工作，执导了《豪门孽债》《方帽子》（与李萍倩联合）、《青春之歌》（与胡小峰联合）。

1952 年，因参加爱国活动被香港当局驱逐出境，回到上海，任上海电影制片厂演员，曾在《海魂》《女篮 5 号》《牧马人》《死神与少女》《梦非梦》等影片中饰演主角或重要角色。

1956 年后兼任导演，他执导的影片有：《女驸马》《乔老爷上轿》《51 号兵站》《阿诗玛》《李慧娘》等。其中《阿诗玛》在 1982 年西班牙主办的第三届桑坦德国际音乐舞蹈电影节上，荣获最佳舞蹈片奖。《李慧娘》获得 1981 年文化部优秀影片奖。1988 年，因在影片《死神与少女》中的表演及其从影以来半个世纪的艺术成就，获中国电影金鸡奖表演特别奖。

刘琼曾任上影厂第四创作室主任，是中国影协第三、四届理事。

2002 年 4 月 28 日凌晨，刘琼因肺癌医治无效在上海逝世，享年89 岁。

刘琼在《海魂》中饰演舰长

刘琼在《女篮 5 号》中饰演田振华

刘琼在《牧马人》中饰演许景由

王心刚

几代人的偶像

与刘琼同样低调的是王心刚。他也来过《流金岁月》节目，参加过"22大电影明星"相聚的晚会，但更多的时候他是不与外界和媒体接触的。所以在这次的纪录电影《演员》中，我们无法看到王心刚对自己职业的理解，也无法看到此时他的各种状态。其实留下艺术家们在最近期的状态，并呈现在大银幕上，也是我这部纪录电影的初心。

朋友告诉我，王心刚曾经接受过一次《电影传奇》长时间的采访，但是他们第二天便接到王心刚的电话，希望能销毁采访素材，并坦言后悔接受了采访。

其实从事媒体的工作人员，会很珍惜对事件当事人的口述，但是我们又非常尊重这样有个性的艺术家在对待此类问题的个人态度，因而在拍摄这部纪录电影的时候，我们并没有过多地去打扰和惊动他。但很多看过初剪影片的人都会问我，为什么王心刚没有来？

王心刚上一次出现在观众视野中是在八一电影制片厂著名导演严寄洲的追悼会上。据说他事先也并没有跟人打招呼，而是悄然出现在会场。

王心刚的好友是八一厂另一位优秀男演员张勇手，他俩的友谊堪称"情同手足"。同样的英武，同样的军人气质，同样为广大观众熟悉和喜爱。

没有能对王心刚进行深入的个人专访是我的遗憾，我的抖音曾发过王心刚老师的内容，浏览量、留言会一下子爆增，大家都会说他是中国影坛的"美男子"、不可多得的"最帅男演员"……

英俊、谦和、内敛，懂得感恩，这就是观众忘不了的大明星王心刚！

王心刚个人小传

姓　　名：王心刚（1932.01.01—　　）

民　　族：回族

籍贯出生地：辽宁省大连市

职　　业：演员、导演

电影作品：

1957：《寂静的山林》饰史永光

1957：《牧人之子》饰德力格尔

1958：《永不消逝的电波》饰姚苇

1958：《破除迷信：土洋灰》饰杨方振

1958：《海阔天空：集体的荣誉》饰赵玉林

1959：《海鹰》饰张敏

1959：《回民支队》饰战士

1960：《勐垅沙》饰江洪

1961：《红色娘子军》饰洪常青

1962：《哥俩好》饰指导员

1963：《野火春风斗古城》饰杨晓冬

1965：《烈火中永生》饰狱友

1965：《秘密图纸》饰陈亮

1965：《椰林怒火》报幕朗诵

1974：《侦察兵》饰郭锐

1976：《南海长城》饰区英才

1978：《大河奔流》饰秦云飞

1979：《绿海天涯》饰南林

1980：《伤逝》饰涓生

1981：《知音》饰蔡锷

1987：《苏禄国王与中国皇帝》饰朱棣

1990：《白求恩——一个英雄的成长》中方联合导演

2006：《我的长征》饰老年王瑞

获奖记录：

1962：新中国"22 大电影明星"

1982：第五届大众电影百花奖最佳男主角

1995："中华影星"称号

1995：中国电影世纪奖优秀男演员

2005："中国电影百年百位优秀演员"称号

2005："国家有突出贡献的电影艺术家"荣誉称号

2009：中国电影表演艺术学会金凤凰奖终身成就奖

2014：中国电影金鸡奖终身成就奖

从艺经历：

王心刚自小喜好文艺，1949 年，即将中学毕业时参加了沈阳市举办的文艺骨干训练班，开始了比较正规的学习。第二年加入东北军工局 38 军文工团，成为专业话剧演员，后合并至沈阳军区抗敌文工团，出演过话剧《冷战》《李闯王》《三个战友》。1956 年，被长春电影制片厂副导演广布道尔基选中，主演了朱文顺导演的反特片《寂静的山林》，从此开始了他的电影生涯。有了第一次的亲密合作，紧接着朱文顺和广布道尔基联合执导电影《牧人之子》，片中回乡带领牧民修水渠的复员军人德力格尔仍然选择由王心刚扮演。

因为两部高起点的作品，1958 年王心刚被调入八一电影制片厂担任电影演员。刚进厂，女导演王苹打破常规，即让他在以李白烈士的事迹为原型的电影《永不消逝的电波》中扮演国民党谍报人员姚苇，这也是王心刚电影生涯中唯一饰演的反派角色。之后在《海鹰》《勐垅沙》《红色娘子军》《哥俩好》《野火春风斗古城》《秘密图纸》《侦察兵》《南海长城》《大河奔流》《伤逝》《知音》等 20 多部影片中饰演主要或重要角色。1975 年 12 月，任八一电影制片厂副厂长，在数十年的演艺生涯中形成了戏路宽广、善于演兵、自然质朴、潇洒激情的表演风格。退休后，王心刚异常低调，深居简出，极少参加社会活动。

　　王心刚在《寂静的山林》中饰演史永光

　　王心刚在《永不消逝的电波》中饰演姚苇

王心刚在《海鹰》中饰演张敏

王心刚在《野火春风斗古城》中饰演杨晓冬

王心刚主演《海鹰》

孙道临

玉树临风

演员
yanyuan

　　上影演员剧团还有两位年龄相仿的优秀演员，一位是梁波罗，一位是达式常。梁波罗毕业于上海戏剧学院，毕业即加入演员剧团；小他两岁的达式常毕业于上海电影专科学校。说起上海电影专科学校，虽然它只存在了短短的几年，却培养了大量的电影人才。

　　在纪录电影《演员》中，梁波罗、达式常都回忆了前辈对他们的影响，比如说张瑞芳、赵丹、秦怡、孙道临等。而其中孙道临因跨越自己的外形特点，勇于挑战军人形象，给他们留下了深刻的印象。

　　那是在《渡江侦察记》当中。孙道临在新中国成立前走上影坛，经常扮演知识分子的形象，本人也是电影界文化水平最高的演员之一。但是在汤晓丹导演的《渡江侦察记》挑选男主角——解放战争中的渡江勇士时，孙道临进入了他的选择范围。毫无疑问这对于他来说是巨大的挑战，但孙道临成功突破了自己，在银幕上塑造了一个崭新的我军侦察员的形象。这为后来同样是外形儒雅的梁波罗、达式常等后辈演员提供了自信心。他们也分别在之后的影片中，挑战了不同的银幕形象。

　　上影演员剧团的传承，一代又一代演员之间那种自然而深沉的情感，给我留下了比较深刻的印象。说起孙道临，我与他见过多面，的确就像人们所说的，他是一位睿智、谦和的长者，为人宽厚，视艺术如生命，且从不拒人于千里之外。这次拍摄纪录片，我再次梳理了众多演员们的代表作，包括孙道临先生的作品，会发现他在电影史上留下太多的佳作！

另外大家也知道，孙道临的声音非常有特点，他配音的《王子复仇记》，直到今天还影响着热爱配音艺术和播音艺术的年轻人。我还记得我上学时，同宿舍的一位同学就经常坐在床上模仿孙道临的声音，说出"生存还是毁灭，这是一个问题"，然后大家就会爆笑一阵儿，指出他配音的问题，并就此展开一翻热烈的讨论。艺术作品就是这样一代又一代潜移默化地影响着后人，这也是众多人愿意从事此项工作的原因吧。

向孙道临先生致敬！

孙道临个人小传

姓　　名：孙道临（1921.12.18—2007.12.28）

原　　名：孙以亮

籍　　贯：浙江嘉善

出 生 地：北京

学　　历：燕京大学哲学系

职　　业：演员、导演

电影作品：

1948：《大团圆》饰三弟

1949：《乌鸦与麻雀》饰华洁之

1949：《大雷雨》饰郭清源

1949：《三毛流浪记》饰宾客

1950：《民主青年进行曲》饰方哲仁

1951：《女司机》饰周技师

1952：《南征北战》饰解放军干部

1954：《渡江侦察记》饰李连长

1955：《南岛风云》饰韩承光

1956：《春天来了》饰鲁淮生

1956：《家》饰高觉新

1957：《不夜城》饰张伯韩

1958：《红色的种子》饰雷鸣

1958：《永不消逝的电波》饰李侠

1959：《万紫千红总是春》饰郑宝卿

1960：《革命家庭》饰江梅清

1961：《51 号兵站》饰政委

1963：《早春二月》饰萧涧秋

1977：《春天》朗诵

1978：《大寨》导演

1979：《李四光》饰李四光

1982：《一盘没有下完的棋》饰况易山

1984：《雷雨》导演兼饰周朴园

1986：《非常大总统》导演兼饰孙中山

1988：《蔡元培生平》饰银幕主持人

1992：《继母》导演

2001：《詹天佑》导演

获奖记录：

1957：文化部 1949—1955 年优秀影片评奖个人一等奖

1962：新中国"22 大电影明星"

1995："中华影星"称号

1995：中国电影世纪奖优秀男演员

2005："中国电影百年百位优秀演员"称号

2005：中国电影表演艺术学会金凤凰奖终身成就奖

2005："国家有突出贡献电影艺术家"荣誉称号

从艺经历：

孙道临原名孙以亮，出生在北京一个知识分子家庭。15岁时写出一篇短篇小说《母女俩》，并发表于《崇德学生》的校刊上。1938年考入燕京大学哲学系学习，1939年应同学黄宗江邀请参加燕京剧社的演出，出演过《窗外》《雷雨》《镀金》《生死恋》等剧。1941年珍珠港事件爆发后学校被迫关闭，孙道临失学在家养羊谋生。1943年起参加中国旅行剧团、上海国华剧社、北京南北剧社等团体，在话剧舞台上崭露头角。抗战胜利后燕京大学复课，孙道临回学校继续攻读，于1947年毕业。1947年，还是由黄宗江引荐加入北平艺术馆，出演了黄宗江编剧的《大团圆》，扮演三弟。1948年，金山组织的上海清华影业公司把《大团圆》搬上银幕，孙道临仍扮演三弟并从此接触电影。此后又拍摄了《大雷雨》《乌鸦与麻雀》，并因在《乌鸦与麻雀》中扮演华先生的出色表演而荣获文化部1949—1955年优秀电影工作者。

新中国成立后，孙道临成为上海电影制片厂演员，相继主演和参演了《民主青年进行曲》《女司机》《南岛风云》《渡江侦察记》《家》《不夜城》《永不消逝的电波》《万紫千红总是春》《革命家庭》《早春二月》《李四光》《一盘没有下完的棋》等影片，以丰富的艺术底蕴、饱满的创作激情和精湛的表演技艺塑造了李连长、觉新、张伯韩、李侠、江梅清、萧涧秋、李四光等一大批深受广大观众喜爱的人物形象。他优雅而不失刚毅的气质和细腻而充满韵味的表演，深深打动了人们的心灵，赢得观众的盛誉，成为几代人敬重和爱戴的电影艺术家。

孙道临的英语水平精湛，嗓音圆润、清新、刚柔相济、辨识度高，他还担任多部外国译制片翻译、译制导演、配音和国产片的解说旁白。其任翻译的《农家女》《比男人更凶残》，译制导演的《美人计》《瑞典女王》，任主配的《王子复仇记》《基督山恩仇记》《白痴》等成为译制片中的精品。1984年，孙道临开始涉足导演工作，相继执导了影片《雷雨》《非常大总统》《继母》《詹天佑》等，晚年还积极运作筹拍《三国演义》，在《雷雨》和《非常大总统》两片中饰演男主角，显露了其深厚的艺术功底，也展示了他对艺术的刻苦追求。

孙道临在《不夜城》中饰演张伯韩

孙道临在《渡江侦察记》中饰演李连长

孙道临在《永不消逝的电波》中饰演李侠

孙道临在《革命家庭》中饰演江梅青

孙道临在《非常大总统》中饰演孙中山

孙道临在《南岛风云》中饰演韩承光

孙道临、谢芳在《早春二月》中

八一厂的前辈们

在 20 世纪五六十年代的八一厂的银幕上，说到飒爽英姿的军人形象的扮演者，除了王心刚之外，还有一位就是张勇手，而且特别有意思的是，王心刚和张勇手是很好的朋友。即使王心刚近些年来如此深居简出，但是他始终与老战友张勇手保持着热情联络。我与张勇手老师有过多次深谈，也了解了他从一个山西的农村小孩，成长为电影艺术家的奇妙经历。

袁霞在《苦菜花》和《永不消逝的电波》等影片中的表演，给大家塑造了自己的银幕形象特点。刘江则是一位经常扮演反派的演员，他们定期会聚餐。我的纪录片的镜头就对准过他们的一次聚餐，那次参加聚会的还有师伟、赵汝平、霍德集等老演员。陶玉玲没有住在八一厂院内，因此与同事们的聚会会少一些。

本片的拍摄历时 5 年，后期的剪辑也是历经修改，最后的剪辑版本聚焦在以"22 大电影明星"为主的艺术家中；又因为时长所限，张勇手等老师的部分最终被删除。在此我感到非常遗憾，也对几位艺术家表示深切的歉意。希望这些宝贵的采访素材，能够在别的作品中完整呈现。

说到"22 大电影明星"的评选，不光张勇手、袁霞、陶玉玲与之擦肩而过，其他电影厂的如郭振清、印质明、冯喆，以及同为八一厂的张良，也因为名额所限未能入选。但这毫不影响他们同样成为观众非常热爱的优秀演员的事实。他们以及他们的作品，必将在中国电影史上留下辉煌而宝贵的印记。

让人特别感伤的是，在那次聚会中，刘江老师曾说过一句话："我们要经常聚会啊，聚一次就少一次啊。"而就在 2020 年，刘江老师也告别了我们。这一点也是让我唏嘘不已。

八一厂坐落在北京的莲花桥，每次进那个大院，手续比较复杂，有时因工作需要想拍摄到八一厂的厂门，也会受到卫兵的友好劝阻。在那个大院散步的时候，会看到许多长者。有一次，霍德集老师带着我在院子里散步。他会告知我这位就是某部影片的摄影师，这位就是某部影片的美工师，这位自己推着轮椅的，就是大名鼎鼎的化妆师、道具师等等。正是他们记录着 20 世纪的中国电影史。在中国有众多电影厂的大院里，有着一群看似普通，但的确为中国电影的发展贡献过自己的一分力量，他们燃烧了自己的青春。

今天中国电影世界取得的巨大成绩，也跟上一辈的付出有着无法割舍的关系。这也是我经常会在脑海里想到的。他们不应该被遗忘，虽然他们自己从不奢望。

也许各行各业都是一样的，只是他们碰巧从事了电影事业。他们的作品让我们铭记，他们的故事值得我们去挖掘。

致敬每一位电影的幕后工作者。

张勇手个人小传

姓　　名：张勇手（1934.11.10—　　）

原　　名：张永寿

籍贯出生地：山西省汾阳县（今山西汾阳市）

学　　历：晋公中学

职　　业：演员、导演

电影作品：

1957：《黑山阻击战》饰王海龙

1958：《一日千里》之《处处跃进声》：饰小张

1958：《英雄虎胆》饰耿浩

1958：《县委书记》饰张小虎

1959：《海鹰》饰李雄

1959：《赤峰号》饰铁海雄

1959：《回民支队》客串

1959：《战上海》客串

1960：《奇袭》饰方勇

1960：《林海雪原》饰少剑波

1962：《哥俩好》饰二班长

1964：《分水岭》饰李云虎

1965：《地道战》饰赵平原

1965：《打击侵略者》饰金哲奎

1974：《南征北战》饰高营长

1976：《南海风云》和景慕逵联合导演兼饰梁崇海

1979：《二泉映月》饰老赵

1979：《啊！摇篮》饰肖汉平

1981：《飞行交响乐》饰赵师长

1982：《彩色的夜》导演

1984：《祁连山的回声》和李茂林、张凤雏联合编剧兼导演

1986：《沉默的冰山》导演

1996：《征服死亡地带》饰将军

1997：《海之魂》饰彭哲远

1999：《横空出世》饰将军

2001：《十月流星雨》饰梁老头

2003：《惊涛骇浪》饰许政委

2007：《大爱无垠》饰华益慰

2009：《寻找成龙》饰姥爷

2010：《铁血奇兵》饰老年谢振华

2011：《极限冲刺》特别出演

2014：《天河》饰专家

2016：《南口 1937》饰老年铁锤

2018：《天刃》

2019：《一切如你》客串

2021：《没有过不去的年》客串

获奖记录：

2009：中国电影表演艺术学会金凤凰奖特别荣誉奖
2018：金鸡奖终身成就奖
2019：中国电影表演艺术学会金凤凰奖终身成就奖

从艺经历：

1934 年 11 月 10 日，张勇手出生于山西省汾阳县（今汾阳市）大南关的一个贫农家庭。1937 年，3 岁的张勇手丧父。1948 年，张勇手的家乡汾阳县（今汾阳市）解放了，14 岁的张勇手小学还没毕业就考入了中国人民解放军十八兵团随营学校——晋中公学。

1949 年 5 月，文工团的同志到学校挑选演员，发现张勇手浓眉大眼、英俊机灵，就把他选中了。此后，张勇手随团参加了解放华北的部分战役和进军大西南、大西北的多次战役。在部队给指战员们演出《白毛女》《兄妹开荒》《刘胡兰》，因在快板歌舞剧《三担水》中扮演了一个叫"老资格"的角色，从此有了一个外号"老资格"。

1950 年，张勇手参加了抗美援朝战争，在入朝整训期间，他加入了新民主主义青年团。在朝鲜战场上，张勇手因及时运送给养和在"猫耳洞"为战士们"飞行演出"两次荣立三等功。1952 年，张勇手担任分队长，带领 6 位文工团员和一名翻译到朝鲜国立艺术剧场学习舞蹈，学会了包括朝鲜舞、俄罗斯舞、匈牙利舞、摩尔达维亚舞等多种舞蹈。这些战争岁月的经历，为他日后从事电影艺术打下了扎实的基础。

1957 年初，八一电影制片厂到部队选演员，张勇手被选中出演战争电影《黑山阻击战》，在片中饰演连长王海龙，接着又参加了《英雄虎胆》和《县委书记》的拍摄，之后于 1958 年正式调到八一电影制片厂当演员，1976 年兼任导演工作。先后出演和导演了《海鹰》《奇袭》《林海雪原》《南征北战》《南海风云》《征服死亡地带》《海之魂》《横空出世》《惊涛骇浪》等一系列军事题材影片。在数十年的电影生涯中，塑造了我军各个阶段、各军兵种、各级指战员形象，是银幕上的我军形象代表之一。

张勇手在《一日千里·处处跃进声》中饰演小张

张勇手在《哥俩好》中饰演二班长

刘江个人小传

姓　　名：刘江（1925.02.25—2020.05.01）

籍　　贯：辽宁省辽阳市

出 生 地：黑龙江省哈尔滨市

职　　业：演员

电影作品：

1958：《海阔天空》之《喜出望外》饰高科长

1959：《回民支队》饰山本

1959：《海鹰》饰李舰长

1960：《赤峰号》饰阎司令

1961：《突破乌江》饰敌参谋长

1962：《鄂尔多斯风暴》饰王爷

1965：《苦菜花》饰王唯一

1965：《地道战》饰汤炳会

1974：《闪闪的红星》饰胡汉三

1978：《火娃》饰山魔王

1981：《路漫漫》饰莫老爷

1982：《红线》饰王乡长

1983：《四渡赤水》参加演出

1984：《谭嗣同》饰刚毅

1986：《飞飞从影记》饰程江

1987：《屠城血证》饰桥本

1987：《京都球侠》饰德太监

1989：《阿罗汉神兽》饰黄念祖

1992：《祝你好运》饰龚主任

1993：《孝子贤孙伺候着》饰钱老板

1995：《摇啊摇，摇到外婆桥》饰余胖子

1997：《红嫂》饰李老爷

1999：《人见人爱》饰曹本农

2005：《心急吃不了热豆腐》饰李爷爷

2011：《戒烟不戒酒》饰蒙蒙的爷爷

2012：《飞越老人院》客串

2014：《我不是王毛》饰品酒师

2018：《二师兄来了》饰徐靠山

2019：《一切如你》客串

从艺经历：

刘江，原籍辽宁辽阳，1925 年生于黑龙江省哈尔滨市一个城市贫民家庭。他很早就到社会谋生，曾当过学徒，做过邮电部门的职工。刘江从小喜欢文艺，对电影、戏剧的兴趣尤其浓厚。16 岁时，他参加了哈尔滨北斗业余实验剧团。曾在《事变的前夜》《十万元的一封信》《逃亡》《青春底悲哀》等话剧中，扮演过次要角色。

1946 年，东北民主联军解放了哈尔滨，刘江参加了松江军区政治部文艺工作团。曾先后在《白毛女》《军民互助》《牛永贵负伤》《收

割》《钱永福回家》等歌剧和秧歌剧中，扮演我军战士、班长、指导员，以及地主、敌伪军官等各种不同类型的正反面角色。同年年底，刘江随文艺工作团编入野战军主力部队十二纵队三十四师政治部文艺宣传队。起初做宣传员，后来曾任分队长、宣传队副队长等职。在三年解放战争中，刘江除演出了《白毛女》《血泪仇》《刘胡兰》《骨肉亲》《战斗里成长》等剧目外，还参加了攻打德惠、四平，围困长春，解放沈阳，以及平津、衡宝等战役，经受了革命战争的严峻考验，成长为一个自觉的革命文艺战士。

1952 年，刘江由野战军独立第二师文艺工作队，调到中南军区部队艺术剧院（即广州部队话剧团），从此成为一名专职演员。在此期间，先后演出《是谁在进攻》《无名英雄》《双婚记》《曙光照耀莫斯科》《海滨激战》《新局长到来之前》等中外剧目，扮演了资本家、地主、敌特、敌高级将领、官僚主义者、矿长、局长等角色。频繁的舞台演出实践，不仅使刘江的表演水平和艺术修养有了显著的提高，也为他进入影坛奠定了基础。1958 年，刘江由广州军区话剧团调到八一电影制片厂，开始了电影演员生涯。

20 多年来，他先后参加了《海鹰》《回民支队》《赤峰号》《突破乌江》《鄂尔多斯风暴》《苦菜花》《地道战》《闪闪的红星》《火娃》等十余部影片的拍摄，成功地塑造了一系列具有鲜明个性的反面人物形象，成为中国影坛上以善于扮演反面人物著称的电影演员之一。

刘江在《海阔天空·喜出望外》中饰演高科长

刘江在《苦菜花》中饰演王唯一

长影之旅

长春电影制片厂是新中国电影的摇篮，它的前身是东北电影制片厂，拍摄出了新中国第一部故事片《桥》。长影厂对中国电影的贡献是非常巨大的，小时候我们看那些热烈的，散发着浓烈的英雄主义情怀的影片很多是出自于长影。

2019年9月初，因为电影频道《佳片有约》工作的关系（我现在是《佳片有约》栏目的制片人），我来到了俄罗斯的莫斯科和圣彼得堡，去寻找一些苏联和俄罗斯电影的踪迹。当我在莫斯科电影制片厂的院内采访《战争与和平》年近90岁的摄影师的时候，片刻间我恍惚了，我似乎是在做《流金岁月》、外国版的《流金岁月》，而当我在莫斯科电影制片厂看到他们的厂标——那位高举锤子的工人与举着镰刀的集体农庄的妇女的雕像的时候，我突然想起了我国几大电影制片厂的工农兵形象的厂标。当我在莫斯科电影制片厂大院内行走的时候，脑海中闪现出长春电影制片厂的场景。

回到北京后，我突然发现我这部纪录电影还缺乏一个重要的地点没有拍摄，那就是新中国电影的摇篮——长春电影制片厂。虽然当年很多参加过长影厂拍摄的老艺术家，人在北京或其他城市，但是我想应该去到那片土地上，去感受那些经典诞生最初的印记。

在长春近郊的一个养老院里，我见到了长影厂的老演员李英，著名导演常彦等艺术家和他们的伙伴们。他们结伴在一所养老院里生活、养老，日子过得有滋有味。李英老师有点像这群伙伴们的头儿，帮我联系了多位参加过一些经典影片拍摄的、也住在这所养老院的艺术家们。

我见到了在《冰山上的来客》中扮演重要人物的两位演员，他们是张冲霄和白德彰。他们二位的身体状况均不甚理想，白德彰更是在几个月前摔了一跤，话语的表达已不甚清晰，再联想到他们风华正茂时的银幕影象，已让我心生疼惜。虽然他们已经无法回忆出完整的拍摄《冰山上的来客》时的往事，但是能够记录下他们此刻的影像，此刻的生活状态，已让我感到知足。

是的，这或许已经是被镜头遗忘的一个角落。我和摄制组的到来，在养老院也掀起了一阵不小的波澜。其他住在这里的老人们，有的也刚刚知道，原来这一群人，就是他们特别热爱的长影厂的老人们。

第二天离开养老院，我们又来到了长春市的居民小区，根据电影研究者余泳老师提供的信息，我们找到了在《上甘岭》中扮演步行机员的张健佑老师。他是参演了沙蒙导演的那部经典影片《上甘岭》中的一位，至今忆起影片的拍摄依然情难自控。《上甘岭》是中国战争电影的经典，采访中我们了解到，导演在拍摄这部影片时，没有刻意去渲染战争的残酷，他希望通过这部影片，让人们知道和平的可贵，希望战争远离这个世界。这部影片所产生的巨大影响力，直到今天，依旧感动着许许多多无论是第一次，还是再次重温这部影片的人们。那首经典的插曲《我的祖国》也传唱至今，并将永久地传唱下去。

张健佑老师早年曾有一段时间居住在澳大利亚，这段时间已回到长春居住。他和我们在北京拍摄的同样参加过这部影片拍摄的张亮老师，以及同样在长春生活的白英宽老师，均以他们自身的感触告诉我们，一个演员最大的幸福，是参加了一部优秀作品的拍摄。如果这部作品能鼓舞许许多多的观众，哪怕他在这部作品中扮演一个只有几场戏的小人物、小战士，也将是此生最大的光荣。正是怀着这样的创作动机，正是有着这样真实的经历，我们看到的《上甘岭》才是一部充满着革命英雄主义和浪漫主义情怀的传世之作。

在长春另外一个街区，我们见到了已经 97 岁的《上甘岭》的美工刘学尧。当他的儿女引我走入他家的时候，我看到了一个坐着轮椅的瘦小而挺拔的背影，在阳光的光照下，他在翻阅着一本跟美术有关的杂志。一时间我竟不忍心去打扰他。我就这样静静地看着这位长者的背影。是他和他们每一个具体的参与者，铸就了这部电影的辉煌。

如果不是内部人员的提醒，我也不知道《上甘岭》的美工，就生活居住在这座城市的某个角落。在与他的沟通中，我只记得他说，为了拍好影片，他们曾经去朝鲜考察上甘岭的实际情况。在他重复的讲述中，我们感觉到这也许就是这位老人，生命中最重要的一次经历。

9 月的长春秋高气爽，当我徜徉在长影大院、在长影旧址博物馆参观，那份新中国电影诞生地的厚重感扑面而来，挥之不去。也许今天的长影面临一些困难，但是我们不会忘记长春电影制片厂这 7 个字，给我们的灵魂带来的震撼。后来在长影的一个放映间，我们又采访了多位中生代的演员。他们也历数了长影厂的前辈表演艺术家对他们的言传身教，以及长影这块招牌在他们心中那份沉甸甸的分量。我的镜头也对准了那些来长影，以及长影旧址博物馆的游客，我看到了从外地专程赶来的中年人，我看到了来长影举行党日的一个单位的一群人，我也看到了在院里嬉戏的孩子……这是今日的长影！

　　离开长影一年之内，我陆续得到了白德彰、张冲霄、刘学尧离世的消息。我回到剪辑机房再次重温在长春拍摄的那些珍贵的资料，看着看着，不禁热泪盈眶。

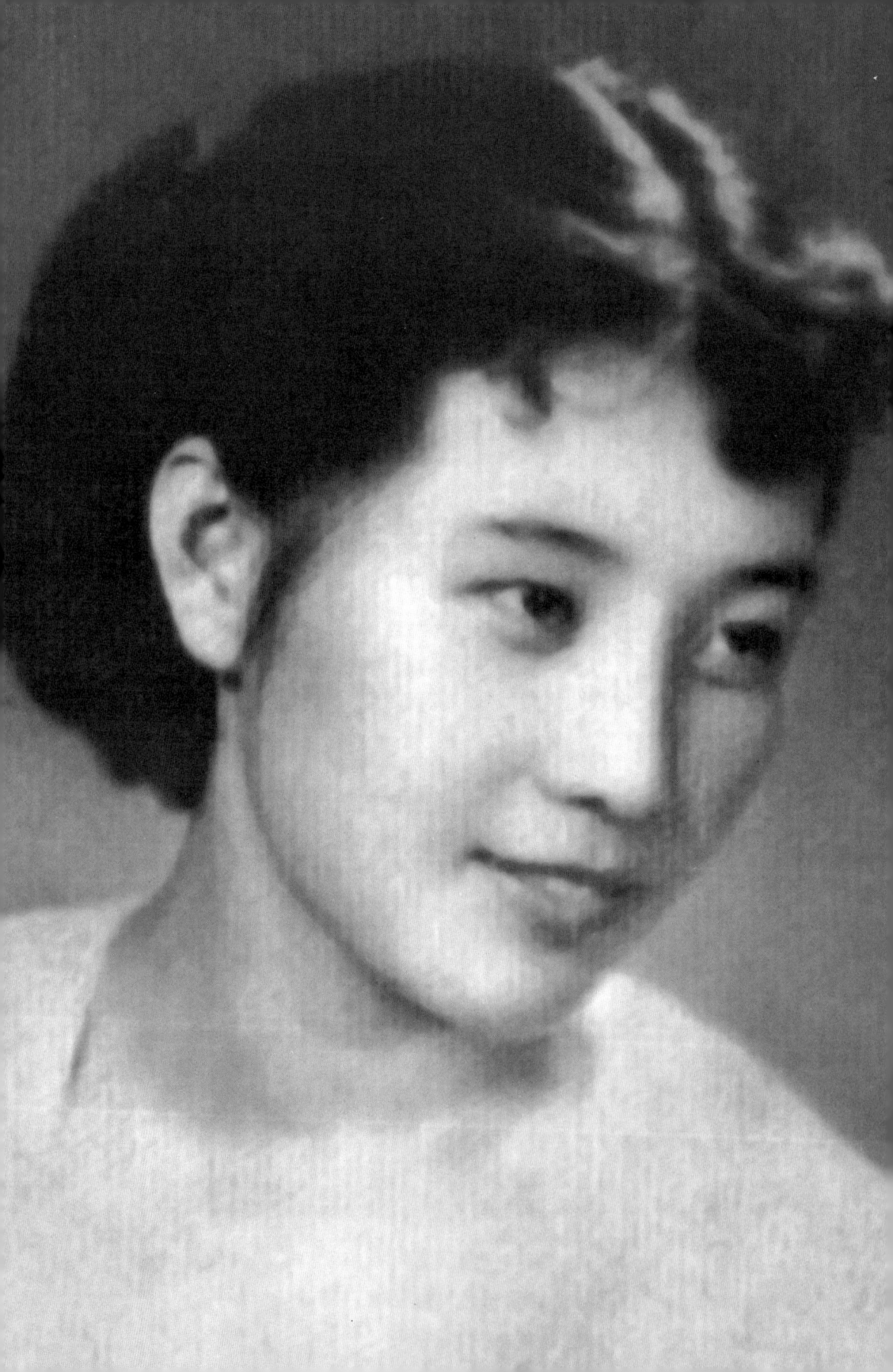

李瑛个人小传

姓　　名：李瑛（1936.08.09—　　）

原　　名：李凤君

籍　　贯：河北省交河县（今河北省沧州市）

出　生　地：河北省交河县（今沧州市）

学　　历：长春电影制片厂演员训练班

职　　业：演员

电影作品：

1959：《草原晨曲》饰女牧民

1959：《五朵金花》客串

1960：《再生记》饰文管会女干部

1960：《刘三姐》客串

1960：《烽火列车》饰崔大嫂

1961：《雪地情仇》（香港）饰银珠的婆婆

1962：《炉火正红》饰罗莹

1963：《冰雪金达莱》饰赵敏

1964：《南海的早晨》饰女民兵

1972：《艳阳天》饰焦淑红（未公映）

1973：《战洪图》饰医疗队王队长

1974：《创业》饰陈淑芬

1974：《平原游击队》客串村民

1976：《山村新人》饰陈桂琴

1976：《锁龙湖》饰县委王秘书

1978：《两个小八路》饰靳嫂

1979：《吉鸿昌》饰孙梅

1979：《济南战役》饰吴军长太太

1979：《苦难的心》饰李老师

1980：《刑场上的婚礼》饰陈铁军嫂子

1980：《最后八个人》饰白云龙妻子

1981：《玉碎宫倾》饰王后

1981：《刀光虎影》饰丁大妈

1982：《勿忘我》饰雯雯妈

1982：《忘忧草》饰兰嫂

1982：《雨后》饰白珊

1983：《在被告后面》饰孟雨静

1983：《风云初记》饰春儿姐姐

1984：《十三号地区》饰护士

1984：《相会》饰王洁英

1986：《城市假面舞会》饰舅妈

1987：《末代皇后》饰刘妈

1987：《冒名顶替》饰耿慧明

1988：《东厂喋血》饰客氏

1990：《民国特大谋杀案》饰高艺珍

1993：《西屯的儿子》饰女教师

1993：《雪国情仇》饰母亲

1995：《跨国劫杀》饰刘母

2006：《小巷总理》饰赵大妈

2011：《传奇将军赵尚志》饰老年姜小雪

从艺经历：

李瑛原名李凤君，1936年8月9日出生在河北省交河县（今属沧州），自幼随父母到沈阳谋生。1939年父亲南下天津做生意，她和母亲以及哥哥、姐妹一起留守沈阳。1948年进入沈阳一家被服厂做日工，1951年一边在夜大学习文化一边在一家接受改造的私营金属零件加工厂做会计工作，后调入市总工会下属的南市区工人医院继续会计职业。1958年，全国各大专院校招考新生，自觉数理化不过关的李瑛发现只有毕业可以有大专学历的长春电影制片厂演员训练班符合条件。形象俊俏的李瑛在领导和同事们的鼓励下，报考了长影并被录取。因为李瑛此时已成为单位骨干，单位根本不放，说让李瑛去考试只是去试试而已。经过长影的多次努力，李瑛先于其他同学被调入长影，直至退休。

在数十年的电影演员生涯中，李瑛在银幕、屏幕和舞台上塑造了王后、解放军军官、干部、工人、农民、特务等各个阶层的人物形象。退休后，热情助人、卅朗健康的李瑛成了为老同事们服务和联络的桥梁，被同事们亲切地称呼为"长影演员剧团编外团长"。

李瑛在《冰雪金达莱》中饰演赵敏

李瑛在《吉鸿昌》中饰演孙梅

李瑛在《东厂喋血》中饰演客氏

白德彰个人小传

姓　　名：白德彰（1931.03.08—2019.11.23）

籍贯出生地：辽宁新民

民　　族：锡伯族

职　　业：演员、导演

电影作品：

1949：《白衣战士》客串

1949：《赵一曼》饰游击队员

1950：《钢铁战士》客串

1950：《白毛女》饰红军

1952：《人民的战士》饰战士

1955：《夏天的故事》饰高保明

1955：《平原游击队》客串小商贩

1957：《暴风中的雄鹰》饰刘指导员

1957：《芦笙恋歌》饰炊事员

1958：《列兵邓志高》饰邓父

1958：《画中人》饰庄哥

1959：《朝霞》饰学生家长

1959：《换了人间》饰江明

1959：《冰山姐妹》饰王冬舟

1960：《昆仑铁骑》饰雷杰

1962：《七天七夜》饰苏强

1963：《冰山上的来客》饰三班长

1964：《兵临城下》饰国民党军官

1965：《路考》饰大梁

1966：《雁鸿岭下》饰青琥爸爸

1973：《战洪图》饰慰问团李团长

1974：《平原游击队》饰陈凤鸣

1974：《向阳院的故事》饰雪花父

1975：《长城新曲》饰耿副参谋长

1978：《瑶山春》副导演

1979：《吉鸿昌》饰霍金龙

1980：《自豪吧！母亲》与李光惠联合导演

1981：《但愿人长久》与徐迅行联合导演

1983：《远离人群的地方》与徐迅行联合导演

1984：《今夜有暴风雪》饰孙国泰

1985：《现代角斗士》与徐迅行联合导演兼饰闵山

1987：《关东大侠》与王宗汉联合编剧、与徐迅行联合导演

1989：《关东女侠》与徐迅行联合导演兼饰关东好

1993：《血染桃花水》饰姜大马掌

1995：《大辽太后》导演兼饰穆宗

1997：《白山黑水》艺术顾问兼饰老青山

2004：《安源儿童团》与姜中元联合导演

2004：《三代响马》导演兼饰杨青山

2009：《潘作良》饰潘父

2014：《猎日》导演兼饰穆昆达

2014：《黄金时代》饰萧红祖父

获奖记录：

1980："小百花奖"优秀故事片男配角

1998："小百花奖"优秀男配角

2009：中国电影表演艺术学会金凤凰奖特别荣誉奖

从艺经历：

白德彰 1931 年生于辽宁省新民市。1949 年，18 岁的白德彰进入了齐齐哈尔文艺工作团，之后又转为东北青年文工团。当年 9 月 18 日并入东北电影制片厂，白德彰成为新中国第一代电影演员。进入东影初期，白德彰在《赵一曼》《白衣战士》《钢铁战士》《白毛女》等影片中出演一些群众角色，业余大量学习苏联电影知识，在实践中积累了表演经验。1955 年，大导演于彦夫选定白德彰主演《夏天的故事》奠定了他硬朗朴实的银幕表演风格。此后，他相继在《暴风中的雄鹰》《画中人》《换了人间》《昆仑铁骑》《冰山上的来客》《吉鸿昌》等多部影片中出演主角或重要角色。因为在几部战争影片中展示了他高超的骑术，被圈内认为是电影演员中骑马水平最高的演员，影迷更是形象地称呼他为"银幕骑侠"。随着年龄增大，1975 年开始白德彰转入导演工作，独立或与妻子徐迅行、同事们执导了《自豪吧！母亲》《但愿人长久》《关东大侠》《关东女侠》《大辽太后》等影片和《冯白驹将军》等多部电视连续剧。白德彰是新中国培养的第一位锡伯族电影艺术家，2019 年 11 月 23 日晚，第 32 届中国电影金鸡奖颁奖典礼正在进行中，白德彰静静地离开了他一生奉献的电影事业。

白德彰在《白毛女》中饰演红军

白德彰在《冰山上的来客》中饰演三班长

白德彰在《冰山上的来客》中饰演三班长

白德彰在《夏天的故事》中饰演高保明

张冲霄个人小传

姓　　名：张冲霄（1927.09.03—2020.04.15）

籍　　贯：河北省张家口市

出 生 地：河北省张家口市

学　　历：长春电影制片厂演员训练班

职　　业：演员、制片主任

电影作品：

1959：《昆仑铁骑》饰一排长魏刚

1961：《冬梅》饰游击队长大光

1962：《炉火正红》饰徐队长

1962：《甲午风云》饰舵手

1962：《七天七夜》饰我军指挥员

1963：《冰雪金达莱》饰游击队长张景财

1963：《冰山上的来客》饰一班长

1964：《兵临城下》饰大个子兵

1965：《路考》饰司机大于

1965：《特快列车》饰餐车主任

1974：《创业》饰老周师傅

1976：《锁龙湖》饰石玉堂

1977：《延河战火》制片主任兼饰张大爷

1978：《瑶山春》制片主任兼饰司令员

1979：《吉鸿昌》饰老周

1980：《自豪吧，母亲》饰赵司令员

1981：《沙漠宝窟》制片主任兼饰喜子爷爷

1981：《马可·波罗》（意大利）饰翁将军

1982：《人到中年》饰张大爷

1982：《勿忘我》饰雯雯爸

1982：《赤橙黄绿青蓝紫》制片主任兼饰孙大头

1983：《爱并不遥远》饰罗忠

1983：《流泪的红蜡烛》制片主任

1984：《花园街五号》制片主任兼饰乔厂长

1985：《倔公公犟媳妇》制片主任

1985：《女人的力量》制片主任

1986：《母老虎上轿》制片主任

1989：《百色起义》制片主任

1990：《你好！太平洋》制片主任

获奖经历：

2019：中国电影表演艺术学会金凤凰奖特别荣誉奖

从艺经历：

张冲霄 1927 年生于河北张家口，20 世纪 50 年代起在张家口新华书店工作，因为身材高达 1.87 米，热爱篮球运动，所以还是张家口篮球队的主力中锋。除了体育运动，张冲霄还喜欢话剧表演，他演的独幕剧《今朝有酒今朝醉》还在全市职工汇演中获了奖。1957 年，张冲霄加入工人业余话剧团，主演了话剧《同甘共苦》，显示了自己的表演才华。1958 年他正要调入河北省话剧团时，看到了长春电影制片厂招考演员的消息，张冲霄随即报名并最终从几千名考生中脱颖而出，从此走向银幕。《昆仑铁骑》中侦察排长魏刚，《冬梅》中的游击队长大光，《炉火正红》中的徐队长，《甲午风云》中的"致远舰"舵手，《冰雪金达莱》中的游击队长张景财，《兵临城下》中的大个子兵，《路考》中的司机大于，《特快列车》中的餐车主任，这些性格各异的人物，经过系统表演训练的他以那质朴、自然、富有激情的演出，把他们塑造得栩栩如生。特别是在影片《冰山上的来客》中，他因成功地塑造了机智、沉稳、勇敢的一班长，而给观众留下了极深的印象。每当《怀念战友》的歌声响起，观众脑海中一定出现的是"一班长"在冰雪中牺牲的雕塑形象。1974 年他还在《创业》中塑造了老一代石油工人周老大的形象。"文革"之后，调任制片主任工作的同时并没有放弃一生钟爱的表演事业，《延河战火》《瑶山春》《吉鸿昌》《自豪吧！母亲》《人到中年》《赤橙黄绿青蓝紫》《花园街五号》、意大利影片《马可·波罗》等中仍能够看见他高大的身影和率真的演出。2019 年，中国电影表演学会授予张冲霄特别荣誉奖，主持人刘威动情地说道："张冲霄老师演了一辈子电影，却从没演过男一号，但他是个好演员，也是一个好人。"

张冲霄在《冰山上的来客》中饰演一班长

张冲霄在《兵临城下》中饰演大个子兵

张健佑个人小传

姓　　名：张健佑（1934.01.17—　　）

籍　　贯：辽宁省建平县

出 生 地：辽宁省建平县

职　　业：演员、导演

电影作品：

1953：《丰收》饰小王

1955：《怒海轻骑》饰小报话员

1956：《上甘岭》饰步行机员

1958：《服务员》饰青年采购员

1958：《列兵邓志高》饰邓志高

1958：《民兵的儿子》饰云生

1959：《云雾山中》饰宋小春

1959：《流水欢歌》饰二旦

1959：《船厂追踪》饰小孩

1960：《我们是一代人》饰王学文

1960：《烽火列车》饰小郭

1963：《自有后来人》助理导演

1976：《伐木人》与林农、王亚彪联合导演（未公映）

1978：《严峻的历程》与苏里联合导演

1981：《水晶心》与郑会立联合导演

1985：《无声的雨丝》与王亚彪联合导演兼制片

2021：《演员》（纪录电影）

从艺经历：

张健佑 1934 年出生于辽宁省建平县的农村，加入东北青年文工团的他 1949 年随团并入东北电影制片厂，张健佑和张桂兰等四人分在翻版片组任译制片配音演员，因为年纪尚小，所以担任了《他们有祖国》《飞行的开端》《奇异的种子》《少年游击队》《培养勇敢精神》等苏联、朝鲜、波兰这些以青少年为主角的故事片的男主角配音，是我国译制片事业的开拓者之一。同时在《丰收》《上甘岭》《怒海轻骑》《民兵的儿子》《船厂追踪》等影片中出演角色并主演了《列兵邓志高》。在《上甘岭》一片中饰演的步行机员的呼号"张庄、张庄，我是李庄、我是李庄"，成为那一时期孩童们竞相模仿的"经典台词"。1962 年，张健佑任副导演之后参加了《自有后来人》的创作，此片上映后影响很大，直至被改编成样板戏《红灯记》。1964—1966 年，张健佑连续参加两期"四清"运动，1966 年回厂一周后又被抽到"省委'文革'工作组"，不久后，调离长影到吉林省第一审干办公室工作。因为张健佑酷爱电影艺术，不想荒废业务，几年后又请示领导调回长影。回厂后跟随于彦夫组织重新改编经典故事片《平原游击队》，但因审查等原因，此次改编未能搬上银幕。接着张健佑主抓了屈兴岐的小说《伐木人传》改编为电影《伐木人》，并和林农、王亚彪联合导演。改革开放后，又连续和他人联合导演了《严峻的历程》《水晶心》《无声的雨丝》三部影片。1983 年末，应邀赴深圳组建深圳影业公司，是截至目前我国最后一个获批的国有电影制片机构，为丰富南派电影创作做出了贡献。

张健佑在《上甘岭》中饰演步行机员

张健佑在《列兵邓志高》中饰演邓志高上了
《大众电影》的封面

张亮个人小传

姓　　名：张亮（1935.02.09—　）

籍　　贯：山东省济南市

出 生 地：山东省济南市

学　　历：上海戏剧学院表演系

职　　业：演员、导演

电影作品：

1955：《宋景诗》饰夏七

1956：《上甘岭》饰杨德才

1957：《情长谊深》饰通讯员

1959：《林家铺子》饰寿生

1959：《飞越天险》饰小胖

1959：《青春之歌》饰侯瑞

1959：《耕耘播雨》饰小林

1960：《为了 61 个阶级弟兄》

1961：《革命家庭》饰江立群

1981：《喜盈门》饰陈仁文

2021：《演员》（纪录电影）

从艺经历：

张亮 1935 年 2 月 9 日出生于山东济南，1946 年入山东省立第一中学。1947 年 7 月，山东省文联人民文工团到学校选拔人才，看了张亮等人表演的《兄妹开荒》片段，就把他和另外几个人选中，当年在中学被山东省文联人民文工团招入的还有赵焕章等同学。1954 年，张亮被导演郑君里选中到上影厂参加拍摄《宋景诗》，成功塑造了黑旗军士兵夏七的形象。1956 年在长影经典名片《上甘岭》中饰演根据黄继光的原型改编的志愿军士兵杨德才。1959 年从上海戏剧学院表演系毕业后分配到北京电影制片厂工作，先后拍摄了《情长谊深》《林家铺子》《青春之歌》《革命家庭》《耕云播雨》等影片。1978 年调到山东省话剧院任导演兼演员，导演过《救救她》《徐洪刚》等话剧和《娇女》《胭楼记》等电视剧。1981 年主演了赵焕章导演的《喜盈门》的拍摄，饰演长子陈仁文。张亮从影起步较早，一生留下的银幕形象主要集中在青年时代，很多观众为他过早地离开银幕而感到惋惜。

张亮在《上甘岭》中饰演杨德才

张亮在《革命家庭》中饰演江立群

百年于蓝

这批电影表演艺术家中年龄最大的是于蓝。她出生于 1921 年，2017 年已经 96 岁了，当时听说身体还是比较硬朗的。我们都料想到，这些老一辈艺术家的口述历史，对于电影史是非常宝贵的。当拍摄纪录电影《演员》的想法出现时，于蓝以及比于蓝小 1 岁的秦怡，首先映入我的脑海。

在我的纪录电影《演员》当中，秦怡和于蓝是我全片当中两个重点人物，一个是开场，一个是结尾。当我想拍摄她们的时候，我发现难度很大。比如于蓝，就在电影频道旁边那个单元楼里住着，我们也会看到她在小月河边遛弯儿，但是她的身体状况各方面，包括她当时的整个思维状态如何等等，我不太确定。当然，最为关键的是，她愿不愿意接受采访、拍摄。

于蓝老师晚年和一位阿姨居住在这个原来儿影厂的居民楼里，平时的锻炼方式是到小月河边散步。前几年我在路边看到的她，是一个很有精神头儿的老太太，虽然年迈、步履蹒跚。有时候保姆推着她，有时她坚持要自己走路。

她扮演过江姐，人们心目中的"江姐"就是这位看起来如此普通的长者。她还是这么热爱生活，我 2017 年冬天为这部纪录片去拜访她，她正在家里看《参考消息》，她依然关心时事、政治。半年后的实拍过程中，她与我大谈中美贸易战、关心中美贸易摩擦会如何发展等问题。我觉得，对于外部世界的关注可能是她状态那么好的原因之一。

我有一次去看她的时候，她的儿子、著名导演田壮壮也在家。他当时在翻看一张报纸，于蓝在看另一张报纸，两人也不需要对话。这是于蓝晚年生活的常态，怡然与安详。

我先跟于蓝老师沟通要做这样的一件事情：拍一部关于演员的纪录电影，我是这部纪录电影的导演，记录以您为代表的老一辈艺术家这几年的生活状态，以及你们塑造的那些非常亮眼、让人难忘的角色……

不只是于蓝，也有几位老艺术家们没有第一时间答应这件事，老人们总是会有一些犹豫，或者问你这个事到底是想做什么。这个说明、解释工作是非常重要的，多次的探访与介绍是必须要去做的。这部电影的来龙去脉，你要给每一位出现在片中的老艺术家们说清楚，我觉得这一点是很重要的。事实上，他们就是我们这部纪录电影当中出现的演员。

于蓝基本同意了我的拍摄，我们定的是 2018 年的夏天，老人家身体的情况在 7 月拍摄是比较好的。拍于蓝用了两天，两天都是只拍半天，怕老人太辛苦。

第一天是在家里进行拍摄采访，2018 年，她是 97 岁，思维依然是敏捷的，除了耳朵有点儿背，提问需要很大声。但是整体状态让我内心赞叹：作为一位老艺术家、作为演员，她从艺这么多年，16 岁从延安走上艺术道路，如今在这里跟我畅谈往事……我很感慨，也很荣幸，我坚信这部纪录电影很有意义。

于蓝老师对我还有一个层面的感受，那就是亲切。我 1993 年大学毕业，那年，进入到国家广播电影电视部岗位的新人们要进行"入部教育"（那时候还叫广电部），为期一周的培训，就是对进入广电行业年轻学子们有一个高强度的、整体的教育、养成。有一天的课程是于蓝老师给我们作报告。和大家一样，我小时候看过她的电影，那次是近距离地接触到于蓝本人。72 岁的于蓝老师给我们讲了她是如何走上电影道路的，并对我们给予了深切的厚望，印象非常深刻。说来也巧，后来我做的就是《流金岁月》栏目，工作中会经常见到她，这就是我与老艺术家们存在的深切的缘分。

《演员》是部纪录电影，和做电视栏目又不一样，我组建的是一个专业的电影团队，从拍摄到剪辑，到最后的制作、特效、包装等各工种，都按照电影的模式严格打磨。

于蓝的第二次拍摄是外景，我们去了她经常遛弯儿的小月河公园，她在那里散步、在那里沉思。有一些过往的游人认出她来跟她打打招呼，她也跟大家挥挥手，但是更多时间她就像一个普通的 90 多岁老太太那样，坐在轮椅上望着小月河的河水……后期剪辑时，看到拍摄到的于蓝的特写镜头，她凝望远方，看上去她的脸上写满了故事，十分动人。

这次采访我问过于蓝：您现在的心愿是什么？

她的回答：我静静地等待着死神的到来。

如此达观、豁达的长者！那一刻我的眼泪要涌出来。

2020 年 6 月，于蓝告别了这个世界、告别了我们。

2020 年 9 月，《演员》的摄影机再次对准了小月河，那条于蓝无数次凝望的河水。

河水依旧静静流淌，它不知，一位令人敬重的长者不会再来了。

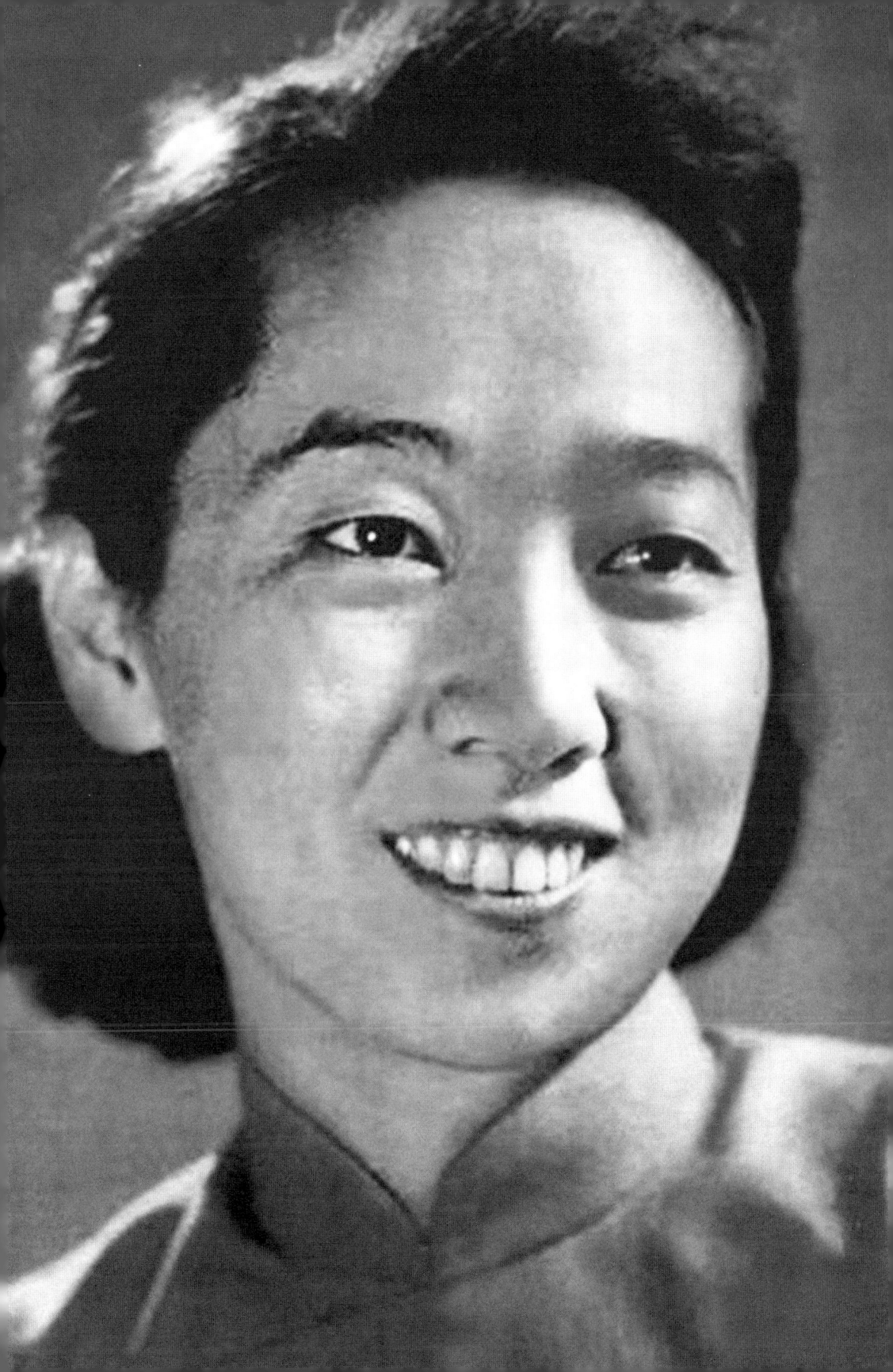

于蓝个人小传

姓　　名：于蓝（1921.06.03—2020.06.27）

原　　名：于佩文

籍　　贯：辽宁岫岩

出 生 地：辽宁岫岩

学　　历：中央戏剧学院表演干部训练班

职　　业：演员、导演

电影作品：

1949：《白衣战士》饰庄毅

1950：《翠岗红旗》饰向五儿

1951：《龙须沟》饰程娘子

1959：《林家铺子》饰张寡妇

1960：《革命家庭》饰周莲

1965：《烈火中永生》饰江姐

1974：《侦察兵》饰孙大娘

1978：《萨里玛珂》与李伟联合导演

2002：《25个孩子和一个爹》饰妞妞奶奶

2008：《寻找成龙》

2009：《锦绣花园》

2019：《那些女人》

2019：《一切如你》

2021：《演员》（纪录电影）

获奖记录：

1957：文化部 1949—1955 年优秀影片个人奖

1961：第二届莫斯科国际电影节最佳女演员

1962：新中国"22 大电影明星"

1995："中华影星"称号

1995：中国电影世纪奖优秀女演员

2005："中国电影百年百位优秀演员"称号

1995：中国电影表演艺术学会金凤凰奖特别荣誉奖

2005："国家有突出贡献的电影艺术家"荣誉称号

2005：中国电影表演艺术学会金凤凰奖终身成就奖

2009：中国电影金鸡奖终身成就奖

2012：华鼎奖中国电影终身成就大奖

从艺经历：

于蓝原名于佩文，1921 年 6 月 3 日出生于辽宁岫岩。九一八事变后举家迁到天津后到北平，1938 年北平辅仁女子中学高二肄业的于佩文改名为于蓝奔赴延安，进入抗日军政大学学习。在抗大期间，于蓝主演了话剧《火》《还我的孩子》《一二·九》，产生了一定的影响。1940 年进入延安鲁艺实验剧团任演员，1946 年加入东北电影制片厂（长春电影制片厂前身）任首任文工团团长，1947 年担任东北电影制片厂首期训练班的指导员。1949 年，主演个人首部电影《白衣战士》。

1950 年底调北京电影制片厂工作，赴上影主演《翠岗红旗》扮演向五儿。1951 年出演老舍名著改编的电影《龙须沟》。1954 年进入中央戏剧学院表演干部进修班学习，和田华、石维坚等成了同学。1959年，在剧情电影《林家铺子》中饰演张寡妇。1961 年，凭借电影《革命家庭》获得第 2 届莫斯科国际电影节最佳女演员奖。1962 年，当选新中国"22 大电影明星"之一。1965 年在电影《烈火中永生》中饰演江姐，成为中国影坛的经典人物形象之一。"文革"期间，于蓝被打成"反革命"，直到 1974 年才复出参演电影《侦察兵》。1981 年，担任北京儿童电影制片厂（后改名为中国儿童电影制片厂）的首任厂长。于蓝是杰出的表演艺术家，同时又是新中国儿童电影事业的创业者和奠基人，任中国儿童电影制片厂首任厂长，并先后创立了中国儿童少年电影学会、中国电影童牛奖、中国国际儿童电影节，为繁荣中国儿童电影创作、推广传播中国儿童电影文化、推动儿童电影的国际交流做出了开创性的贡献。

于蓝在《白衣战士》中饰演庄毅

于蓝在《龙须沟》中饰演程娘子

于蓝在《革命家庭》中饰演周莲

于蓝在《烈火中永生》中饰演江姐

我的父亲

在纪录电影《演员》定剪之前，我在影片的最后加上了这样的字幕：

谨以此片

献给我的父亲母亲

献给

那一代人……

我非常期望这部电影能够让父亲看到，我相信，他也非常希望能够看到。但是，我们父子的这个愿望，无法实现了。

2021 年 1 月 7 日下午，我敬爱的父亲潘菊明于中国人民解放军921 医院病逝，享年 89 岁。

我的父亲是军人。

无论是小时候在东北父亲的军队驻地附近的露天广场，顶着凛冽的北风看露天电影，或是 10 岁之后在长沙的部队大院礼堂里观看一部又一部的电影，我电影的启蒙，来自于我的父亲。他会带着我去看电影，我至今依然清晰地记得，我们在走路去礼堂看电影的路上，他给我介绍即将看到的电影的相关背景。他也告诉过我，当年在大兴安岭工作时，曾经接待过长影厂来农场体验生活的演员，他提到了梁

这是一张我们家的全家福，大约是我 8岁的时候。坐标是内蒙古赤峰下面的一个村镇，名字叫建昌营。当时，作为铁道兵的父亲的部队驻扎在这，这里也是我儿时看露天电影经历的发生地。一家 6口在一种叫"干打垒"的居住点儿前的宝贵合影

这就是我的父亲、母亲，他们年轻的时候。父亲已离开了我们，但我内心觉得他从未走远。我们会照顾好慈祥并辛劳一生的母亲，并珍藏所有美好的记忆，到永久

音、卢桂兰等演员的名字。

我做《流金岁月》之后，父亲、母亲以及两位姐姐和一位哥哥是我忠实的观众。在我开始拍摄纪录电影《演员》时，家人也给予了我莫大的支持。我在跟电影艺术家们接触时有一个习惯，总是下意识地把他们的年龄和我父母的年龄进行比较，比如，于洋比我父亲大两岁；比如，秦怡比我父亲大 10 岁；比如，王晓棠比我妈妈大 3 岁，等等……这样的结果是，我有时会真的把他们视为我的父亲母亲，他们是同一代人，他们共同经历了这个变幻的世界，共同见证了这个蓬勃发展的年代。此刻我想起了艾青的诗句"为什么我的眼里常含泪水？因为我对这土地爱得深沉……"这样的诗句深深地打动着我，我爱足下的土地，我深爱刚刚离开我的父亲，爱原本是因为工作而结识的与我父亲母亲同辈的艺术家。在采访于蓝之后，我被老人对于老年生活的达观态度、对病魔的蔑视所打动，来到同样是卧病在床的父亲面前，我鼓励他乐观地去面对所有的病痛。我会告诉他，他热爱的这些老艺术家们在如何面对老去、疾病等这些他们不得不面对的问题。父亲听罢颔首，我内心稍感欣慰。

每一个人都会老去，这就是我们的流金岁月。当这部电影与观众见面的时候，我希望在天国的父亲，在另一个世界含着微笑注视着我。父辈们所经历的时代、他们曾经受的一切：艰难、困苦、隐忍、牺牲、奉献、昂扬、积极、善良，都在这部影片中以某种方式得到传递。

父亲，向您致敬！儿子想您了……

附录　中国电影节目主持人潘奕霖的创作道路研究

绪　论

第一节　研究现状及文献综述

一、关于创作道路的研究现状

关于创作道路的研究，目前可追溯到 1950 年，丘琴等人在《美术》中发表《库克雷尼克塞的创作道路》一文。截至 2020 年 11 月 18 日，在超星期刊中检索以"创作道路"为主题的结果共 12411 条，发表于中文核心期刊的文章共 5942 篇。由此可见，我国有关创作道路的研究成果较为丰富且扎实。

（一）关于创作道路的概念

在《中国文学史》中，作者袁行霈对明清各文学家的创作道路进行研究，以家庭背景和社会环境入手，阐述其人生道路、创作思想和精神等。以维普中文期刊中的文献为参考，如天津师范大学教育学院讲师孙栗原在《解读普罗科菲耶夫的艺术生涯与创作道路》一文中，将普罗科菲耶夫的创作道路分为青年、国外、苏联三个时期，并提炼出每个时期的创作特点。

《中国播音学》作者张颂曾明确提出播音的正确创作道路是：站在无产阶级的党性和党的政策的立场上，以新闻工作者特有的敏感，把握国内外形势的发展变化和人民群众的思想实际，准确及时地、高效率、高质量地完成"理解稿件—具体感受—形之于声—及于受众"的过程，以积极自如的话筒前状态进行有声语言的创造，达到恰切的思想感情与尽可能完美的语言技巧的统一，达到体裁风格与声音形式的统一，准确、鲜明、生动地传达出稿件的精神实质，发挥广播电视教育和鼓舞广大人民群众的作用。

综合各文献研究，笔者将创作道路的内涵概括为：在某一领域中，以创作者的创作环境为背景，确立创作立场、方向及目标，遵循正确的创作规律和方法，并坚持于创作过程全程，作品体现出其特点、实质、意义和价值。创作道路需满足以下要素：

1. 以创作者的创作背景和发展经历入手；

2. 确立创作立场和方向；

3. 遵循正确的创作方法；

4. 提炼创作特色和创作意义、价值。

（二）关于创作道路研究目前存在的问题

在理论上，以中国人文社科核心期刊为参考，陕西省作家协会文学创作研究室主任邢小利的《论陈忠实的创作道路与文学地位》和中央音乐学院教授李昕的《阿金·尤巴"非洲钢琴艺术"的创作道路》，都是在创作者创作背景的基础上按照时间顺序将创作道路分为几个重要时期，分析每个时期的作品和特色。郭一平在《外国文学家的故事》系列丛书中，列举分析了 40 余位外国文学家的创作道路，同样是在生平背景环境基础上按照时间顺序进行创作特色的总结和分析，却并未对其创作立场、特色等进行单独梳理，也并未涉及其方法论上的研究和探讨。

二、关于主持人创作道路的研究现状

主持人作为播音与主持艺术的主体和主要创作者，对其创作道路的研究颇有必要。但目前学界对主持人的研究主要集中于主持人的形象建构、角色定位、风格养成、语言魅力、素质培养等。在中国知网中检索以"主持人"为主题检索的结果共计 8.3 万条，其中，以"主持人创作道路"为主要主题的结果共 2 条，占比不足 0.01%。曾晓琳在 2015 年发表的《浅谈电视播音员、主持人发展现状及未来创作道路》，表明主持人未来的创作道路应做到有正确党性的思想、深厚的文化底蕴和真诚三方面；另一篇则为梁音于 2012 年发表的《论"走心"——探究正确创作道路在新闻播音创作中的实践意义》，主要研究了创作道路在新闻播音中的重要性。可见，目前我国学界对于主持人创作道路的相关研究成果甚少且不全面。

三、关于主持人潘奕霖的研究现状

在维普中文期刊和中国知网中检索有关主持人潘奕霖的文章共 3 篇，分别为李睦于 2009 年在《工会博览》中发表的《淡定是一种生活方式——记央视电影频道主持人潘奕霖》、任千千于 2013 年在《大众电影》中发表的《CCTV6：主持人的故事（上）》，以及杨天东等人于 2014 年在《电影》中发表的《潘奕霖：想拍惊悚片的电视人》，这些文献都为本文提供了一定的借鉴意义，但存在一定的局限性。2014年及之后，潘奕霖所主持和开创的节目有了不少变化，身份和定位也有了一定的转变，如老牌节目《流金岁月》于 2014 年停播、在《佳片有约》节目中制片人的角色、2016 年开始担任纪录电影《演员》导演、2020 年出版著作《我，来自广院》等。

第二节　研究背景与意义

一、研究背景

电影已然成为人们日常生活的一部分。电影频道和节目的产生与发展实则验证了电影的重要性和价值。中国电影节目自 20 世纪 90 年代起，至今已发展接近 30 年，电影节目主持人随着频道和节目的发展在不断进步，他们在受众心目中已成为电影节目不可替代的标志。其中，潘奕霖作为电影频道开播的第一位主持人，也是至今仍在岗且最资深的主持人之一，主创作主持多种类型电影节目，他的主持经历几乎和电影频道节目相伴而行、共同成长。因此，对他的创作道路进行研究，是电影节目主持人最典型的研究案例。

二、研究意义

在理论意义上，本文将吸取传播学等相关理论，对电影节目主持人类型化进行定义和区分。综合文献表明，节目主持人的分类方式标准不一，如按照节目形态分类，分为新闻节目主持人、综艺节目主持人等；按照主持人在节目中的作用，又可以分为主导型、参与型、单一型等多种。这些分类方式较为杂乱，未将所有类型主持人涵盖又易重复，在中国电视节目发展日新月异的今天，理论性和实践性都有所缺失。潘奕霖作为中国电影节目代表主持人，对其创作道路进行研究，能填补主持人的创作道路和电影节目主持人相关领域的理论空白，也是对主持人潘奕霖的创作道路进行全面系统的梳理和总结。同时，在创作道路的研究中加入了方法论的探讨和分析，使得创作道路这一研究更全面。

在现实意义上，本文所总结的方法论对于今后主持人的发展具有一定的借鉴意义。在当今时代背景下，对于主持人如何明确自身定位、提升自身价值等，也具有实践意义。

第三节　研究内容和方法

一、研究内容

本研究将采取如下研究思路：以电影节目主持人潘奕霖的创作道路为研究对象，以中国电影节目的发展为背景，按照时间顺序和节目类型将潘奕霖主创的节目和作品进行分析对比，对如下问题进行探讨：

1. 中国电视节目主持人的分类；

2. 潘奕霖的职业历程；

3. 潘奕霖的创作思路和特点；

4. 对于多重身份，潘奕霖的角色定位；

5. 潘奕霖创作道路的启示和思考。

二、研究方法

（一）文献分析法

本文首先将李明海的《中外电视史纲要》、（美）克莉丝汀·汤普森和大卫·波德维尔的《世界电影史》等电视和电影史纲进行梳理，分析总结中国电影节目及主持人的存在背景和发展脉络；借鉴伊莱修·卡茨的"使用与满足"等理论总结电影节目产生和发展的背景。借鉴胡正荣《传播学概论》中的"类型思维"等理论和徐舫州的《电视节目类型学》中的"三原则"分类方式，将中国电影节目主持人进行类型化区分。

本文以中国电影和电影节目的发展为背景，纵向总结潘奕霖的职业成长和发展路径。其中，借鉴肖建华在《主持人审美修养》中提出主持人需要具有"电视编导艺术思维"、高晓虹在《电视编导实务》中提出的"节目选题原则"等理论，总结归纳潘奕霖在各时期和各类节目中的创作思路和特色，并最终总结探讨出一定的方法论。

同时，将对中国知网、维普中文期刊、超星期刊中的传播学、主持人学、电影学、新媒体等相关内容进行大量阅读和梳理，建立扎实的理论基础，吸取经典观点，结合实践调研进行研究分析。

（二）参与式观察

为更深入地分析潘奕霖在中国电影节目中的创作特色和方法，笔者于 2019 年 6 月至 2020 年 1 月，加入中国电影频道《佳片有约》、央视频《潘奕霖工作室》栏目组，参与前期策划、录制、后期剪辑、发布、平台运营等全流程，了解潘奕霖所在的电影节目制作流程和电影节目主持人的角色和作用。

（三）深度访谈法

有目的、有计划、系统地搜集中国电影各节目资料和主持人潘奕霖现实和历史资料，并对潘奕霖本人进行多次一对一沟通采访。访谈内容包括潘奕霖的创作动机、思路等，特别是对于已经停播的节目《流金岁月》、出版著作《我，来自广院》、纪录电影《演员》中的具体情况与其进行沟通和确认，确保本文的真实性和全面性。

第一章 中国电影节目及主持人的发展之路

1993 年出版的《中国应用电视学》是在中国电视 40 多年的发展史上，第一次将中国电视节目进行分类的著作。在第二篇"节目编"中，作者将中国电视节目进行了大致的区分，分为新闻节目、教育节目、文艺节目、文学节目、电视剧、纪录片等八种类型。在其后的诸多理论中，都能找到对中国电视节目的分类总结。分类方式大同小异，但什么是类型、如何界定以及电影节目的具体归属等并未涉及，电影节目主持人和类型更是少之又少。本章将电影节目及其主持人与各学科相结合，探寻电影节目的源起和发展状况、方向等，并对电影节目主持人的类型化进行界定和区分。

第一节 中国电影节目的起源与发展

一、电影节目的起源和发展

各类文献中并未提及电影节目产生的直接原因。根据史料和传播学相关知识，我们可以推测电影节目产生的一些背景因素。

在技术上，1895 年 12 月 28 日，电影《火车进站》《工厂大门》的首映成为了电影史上跨越性的一步，这一天也被认为是电影真正的诞生之日。1926年，"电视之父"贝尔德在伦敦的表演将电视带到这个世界。电影和电视的诞生为电影电视节目的产生打下了坚实基础。尔后，录像机的发明让电视从演播室走向社会，也让电视频道和栏目化成为了可能。

在行业内，电视的产生和发展让电影界感到了威胁，开始向电视台提供影片，但传统电影的时长和宽屏并不适合电视播放，于是专门在电视中播出的影片——电视电影应运而生。1955年，美国广播公司（ABC）开创了《下午电影节》节目，后又与华纳电影公司合作，第一次将好莱坞电影公司带入电视的黄金时间娱乐节目中。这些类型的电影和节目都可以说是电影类节目的前身。

随着人们的审美意识和传播学中关于受众"使用与满足"理论的提升，受众在传播活动中的主体地位愈加凸显，电视开始为受众"定制"节目，各类文艺节目、综艺节目、专题节目等逐渐亮相。

二、中国电影节目的发展

19世纪末，电影走进国人的世界。1905年中国电影正式诞生。但直到20世纪90年代，随着改革开放的不断推进和演变，人们生活水平和审美能力的不断提高，中国电影的艺术质量和形式终于有了质的突破和提高。

随着电影行业的蓬勃发展，1995年，中国电影频道正式成立，并于7月进行试播。1996年1月1日，电影频道开始向全国播出。4月，推出了《流金岁月》栏目；1998年4月推出《佳片有约》栏目。此后，中国电影频道不断推出各类电影节目，如1999年7月，推出

《中国电影动态》(今《中国电影报道》);11 月，开设《电影人物》栏目……如今，从节目类型来讲，中国电影节目不再局限于电影放映、报道、欣赏等，还包括采访、评论、综艺等类型；从节目呈现方式和终端来看，也不再局限于传统电视频道，新媒体的出现带来了自媒体节目的蓬勃发展，节目形式和内容等不断创新。而融媒体的出现，使得传统媒体与各媒体之间取长补短、相互融合与学习，让电影节目走上一个更新的台阶。

第二节　中国电影节目主持人的类型化

在目前的研究中，暂未对电影节目主持人的类型进行定义，至多是以电影节目的类型进行划分，主持人依附于节目而进行分类，且对节目的划分并未有科学、系统和完整的考证。本节将对类型化及主持人的类型化进行阐释，最终对中国电影节目的主持人进行类型细分。

一、类型化的定义

在现象学中，类型指的是多次重复出现的具有大致或相同的特征。类型具有开放性、流动性的特点。它是一种"归类"思维，也是一种价值导向的思考程序。在现代汉语词典中，"化"附着在某些单音节性状成分的后面构成动词，表示转变成某种性质或状态，或表示将某种事物普遍推广，做后缀用。所以，类型化，即将某种特征变为某种性质或状态，或能将此普遍推广。因此，它是以事物的根本特征为标准对研究对象进行类属划分。胡正荣在其《传播学概论》中提出，"类型化"的目的是找寻其特点和规律，去掌握它，并最终去驾驭它。

二、节目主持人类型化区分

上文已将类型化进行定义和阐释，由此主持人的类型化我们大致可定义为：对不同主持人的特点进行分类，找寻其中的规律并使之推广，让更多人掌握和驾驭。

本文借鉴徐舫州的"三结合"分类原则：1. 结合学科中类型界定理论依据，以及主流分类意见；2. 整合实践中类型的外在特征和内在属性；3. 参考受众的普遍印象，让受众能产生共鸣。因此，主持人的类型要将主持人学界、业界和受众三方面结合。①

在主持人学界，一般按照节目类型、主持人的作用和职责范围等将主持人进行分类。综合学界对于电视节目的分类方式，主要以节目形式和内容进行分类。如按照形式有谈话类、直播类等，按照内容有文艺类、生活类等多种类型。按照主持人的角色定位和作用，又将主持人分为专家型、朋友型、主角型、配角型、单一型、独立型、主导型、参与型、服务型、宣传型等多种。

在主持人行业内，对主持人的归类一般以频道、栏目或节目区分，如央视网康辉主页中将之定位为新闻频道主持人、李思思为综艺频道节目主持人、撒贝宁是综合频道主持人等。

从受众的角度看，在一档有主持人的电视节目中，通常以主持人

---

① 徐舫州：《电视节目类型学》，浙江大学出版社 2006 年版，第 17—18 页。

的语言和形象特点进行区分，如今很多主持人也因此而出彩，如提到朱广权，我们首先想到他说的幽默风趣的段子；提到董卿我们会以端庄大气、文学素养深厚等形容她……这也是按照主持人自身的风格特点分类。而主持人的个人风格特点，不仅受个人气质、学识修养、生活经验、社会情感等内部条件的影响，同时还有外部条件的影响，小到演播室和主持现场环境、节目和栏目，大到社会文化环境和媒体环境等。在内外部条件的共同作用下，以量变产生质变，最终形成鲜明的独一无二的个人风格。

综上，将"三结合"原则进行整合，主持人的类型化便清晰明了，笔者整理如下表：

节目	
内容	形式
A 新闻 B 文艺（包括文学和艺术） C 综艺 D 生活（包括美容、健康、旅游、医疗、天气、饮食等） E 体育 F 军事 G 农业 H 财经 I 娱乐（包括游戏等） J 历史 K 电视剧 L 教育（包括法律、科学、人文等） M 政治 N 电视剧 O 人物 P 国际	Q 谈话（包括访谈、对话、聊天、辩论、演讲、口述、评论、推销、讲述等） R 直播 S 晚会 T 消息资讯 U 深度报道 W 对象（包括少儿、妇女、老人等） X 专题 Y 真人秀 Z 杂志

主持人		
外在形象气质	语言特征	作用
A 甜美 B 知性 C 大气 D 端庄 E 朴素 F 青春	G 幽默风趣 H 柔和朴实 I 儒雅沉稳 J 真挚情感 K 亲切活泼	1. 主角型 2. 配角型 3. 主导型 4. 参与型 5. 服务型 6. 独立型 6. 单一型 7. 宣传型

由此，主持人在对应的节目中，就有了相应的类型，每位主持人都能在表格中找到相应的定位。如撒贝宁在《今日说法》节目中，属于 LQCG3，即法律讲述节目中的主导型主持人，语言风格幽默风趣又大气。

三、中国电影节目主持人的类型

以上分类方式已将中国电影节目进行明确分类，电影是一门艺术，电影节目属于艺术类即 B——文艺类节目，但不同的节目也有具体不同的定位。如《中国电影报道》属于电影消息资讯类节目，即 BT，《今日影评》属于文艺类谈话节目，即 BQ，因此，对应的主持人亦有不同类型。如主持人瑶淼在《今日影评》中的类型属于 BQDI4，即电影谈话类节目参与型主持人，风格知性又大气。

第二章 中国电影节目主持人潘奕霖的职业历程

1989 年，潘奕霖考入中国传媒大学播音主持艺术学院，并于1993 年毕业，就此开启自己的职业生涯。本章按照时间顺序将潘奕霖的职业历程展开。

第一节 1989—1993 年，我来自广院

潘奕霖出生于辽宁沈阳的一个部队家庭，10 岁便跟着父母到湖南生活，由于部队里的人来自五湖四海，大家都说普通话，因此潘奕霖的口音并不重，这为他之后考入播音系成为播音员奠定了一定的基础。

高考那年，潘奕霖报考了北京广播学院（现中国传媒大学）播音系。在等待录取通知书的同时，湖南台星期天节目部招聘主持人，潘奕霖报了名并加入其中。虽然最终未被广院录取，但他主持的《潇湘晨钟》逐渐在当地有了名气。一年后，又恰逢广院招生，潘奕霖去"凑热闹"被现场的监考老师认出，并鼓励他继续报考。①

1989 年，潘奕霖终于考入广院播音系，成为"名人班"89 级的

---

① 任千千：《CCTV6：主持人的故事》（上），《大众电影》2013 年第 23 期。

一员。他的同班同学有央视主持人康辉、海霞、王雪纯、文清、方静，东方卫视主持人叶蓉，央广播音员庞莹、杨波等。

2020 年 8 月，潘奕霖出版访谈录《我，来自广院》，通过与 10 位自己熟悉的室友、同学、校友的深度访谈，刻画了自 1989 年起与他们从相识到相知，从相知到相交的点点滴滴，折射出职业教育阶段带给他的人生蜕变。

广院四年的学习，也为潘奕霖之后的职业道路和方向打下了坚实的专业基础。据潘奕霖回忆，在《主持人》这门课程的结课作业中，他将自己的职业理想录制下来："希望自己能够成为沃尔特·克朗凯特（美国著名主持人）那样的优秀主持人，70 多岁了还在电视屏幕上出现。"作业获得该课程全班最高分 95 分，任课教师白龙老师将该作品在全班展播。潘奕霖表示，该课程的学习让自己记忆犹新，所创作的作品和获得的成绩也让自己坚定了今后的职业道路和方向。

第二节　1993—1995 年，初涉媒体行业

1993 年，潘奕霖毕业后进入中央人民广播电台国际部《环球信息》栏目，担任主持人。虽科班出身，但潘奕霖从不局限于播读稿件，而是集"采编播"——记者、编辑、播音员于一身。

在国际部积累的记者经验，为潘奕霖在《流金岁月》于 1998 年改版中能从容不迫担任现场记者打下了实践基础。

虽初涉媒体，在国际部的两年内，潘奕霖所创作的其中一篇稿件《美国人权纪录》获得中央电台优秀稿件一等奖（此前国际部获得最高奖项为二等奖），并获得中国广播奖三等奖。[①] 对播音主持专业毕业的潘奕霖而言，该奖项给予了他鼓励和自信，让他更加坚定此后全面发展的职业道路。

第三节　1995 年，开启电影人生

1995 年，CCTV—6 电影频道成立，从小就喜欢电影的潘奕霖抓住机会进入中国电影频道，从此电影与其职业生涯相伴而行，成为该频道第一位主持人和制片人。潘奕霖不仅担任《流金岁月》栏目主持人、编导、制片人，2008 年起又同时担任《佳片有约》制片人。

一、《流金岁月》时期

《流金岁月》是中国电影频道开播的第一档自办栏目，也是潘奕霖进入电影频道后主持的第一个栏目。栏目于 1996 年开办，2014 年终结。期间，潘奕霖不仅是《流金岁月》的第一位主持人，同时身兼编导、制片人的角色，更是《流金岁月》栏目组成长的参与者、见证者。

《流金岁月》不仅让老电影、老艺术家们走进潘奕霖的工作和生

---

① 任千千：《CCTV6：主持人的故事》（上），《大众电影》2013 年第 23 期。

活，也改变了他的人生。20 余年来，潘奕霖与之相伴而行，不仅成为中国电影频道著名节目主持人，更是为今后的电影生涯，特别是以老艺术家为主题的纪录电影《演员》的拍摄奠定了坚实基础。

二、《佳片有约》时期

1998 年 9 月 26 日，电影频道开办《佳片有约》栏目。2008 年，潘奕霖加入该栏目并直接成为制片人。如今，潘奕霖已和《佳片有约》一起渡过了第 13 个年头。

与《流金岁月》不同，《佳片有约》不仅将目光聚焦于世界电影，而且紧跟时代；不局限于谈话形式，还邀请专业学者、名人等参与评论，使内容更加专业化。

但同时，栏目依然保留和延续《流金岁月》中的一些元素，如邀请电影主创人员在节目中交流互动。《佳片有约》栏目组也经常前往电影导演、演员所在的国家和地区，不仅将世界电影"引进来"，也"走出去"，不断吸取世界优秀电影和电影节目的精华。

从 1995 年到 2021 年，26 年的时间和经验巩固了潘奕霖国内电影节目主持人和制片人的地位，也为他此后丰富的电影之路进行了铺垫。潘奕霖表示，未来会努力使《佳片有约》稳步前进、《演员》如期而至，而《流金岁月》是否能华丽回归，不是他个人所能决定的事。

第四节　2016 年，丰富人生角色

2016 年，《流金岁月》停播两年后，潘奕霖以新的身份——纪录电影导演，将 20 余年来与老电影、老艺术家之间的前缘再续。截至 2020 年 12 月 16 日，纪录电影《演员》已拍摄结束，进入后期剪辑和制作流程，拟于 2021 年全国院线公映。

2018 年起，潘奕霖又对在广院所结识的 10 位同行进行采访，将他们不为观众所知的一面以访谈录的形式呈现出来，从而也丰富了自身的人生角色。

如今，潘奕霖不仅是《流金岁月》主持人、编导、制片人，亦是《佳片有约》主持人、制片人；不仅是《演员》的导演，亦是《我，来自广院》的作者。但无论角色多么丰富和多元，潘奕霖表示，核心角色仍在于主持人，所做的一切也是为自己成为更专业的主持人目标不断铺路。

第三章　中国电影节目主持人潘奕霖的创作道路

在第二章中，笔者已对潘奕霖的主要职业历程进行梳理和归纳，本章将在第二章的基础上，对潘奕霖的创作道路进行系统梳理，提炼出其独特的立场、特征等。

第一节　"他"是主持人

潘奕霖在节目中发挥着自身独特的主持风格和表达策略，并将这种风格和策略拓展至其他场域，使自己不局限于电视节目中，也体现在他的电影作品和访谈录中。

一、主持风格的形成

潘奕霖主持风格的形成，既是性格使然，亦是职业经历的结果和节目的需要。潘奕霖的性格不仅体现在生活中，也体现在他的节目中，使之成为他独特的主持风格。

（一）认真聆听

潘奕霖在节目中，始终做好"聆听者"这一角色，不断自我弱化和淡出，将主要时间留给嘉宾。潘奕霖表示："我就只是一个聆听者，把更多的时间留给了嘉宾，甚至有时候老师们讲得热泪盈眶，我也眼圈发热，我是想告诉你我感动，请你继续好好表达，我在现场的目的就是以多元的方式刺激嘉宾说话。"

在《流金岁月》2009 年第 16 期节目中，潘奕霖邀请《为奴隶的母亲》主创人员相聚其中，潘奕霖基本上只提一些开放式问题，如"几位相互评价角色""在现代情况下影片中的情节会如何处理"等，大量时间让演员们相互讨论和分享。在《佳片有约》2020 年 10 月 4 日影评版《绿皮书》这期节目中，潘奕霖提出第一个问题就是这部双主角的影片中各位嘉宾更喜欢哪一位的表演。演员侯祖辛表示两位都很喜欢，但维果的表演与此前完全不同，因此更欣赏；阿里文娱电影演出业务总裁李捷却表示更喜欢演员阿里，因为他的每部作品都有所突破，好演员最主要的特质就是能驾驭不同的角色。潘奕霖在其中认真聆听，让他们自由讨论。

（二）感同身受

在访谈节目中，主持人是能否访谈顺畅的关键。成功的访谈首先需要主持人能够设身处地体会受访者的情绪、感受、立场等。①《流金岁月》是一档与电影主创人员谈话的栏目，因此，潘奕霖要面对和交流的都是电影导演、演员等。在节目中，潘奕霖与其共同回忆电影中的故事、情节，不仅需要对电影内容和嘉宾提前熟悉，更需要挖掘他们与该电影的情感联系，与他们感同身受，共同推动谈话进程。潘

---

① 李贞、王福生：《访谈节目主持人的同理心》，《成人教育》2012 年第 32 期。

奕霖曾在采访中表示："其实每个电影人都很不容易，无论成功与否，他们都是前辈，都能给我带来不同的内心感慨和深刻思索。"①

2010 年第 6 期节目中，潘奕霖邀请影片《斗鲨》主演张国民和陶白莉来到节目现场。张国民聊到影片中很多前辈在片场中的职业精神时热泪盈眶，潘奕霖顺势安慰和总结道："那时候 1978 年，改革开放刚开始，那一代影人也希望把自己对电影的热爱倾注于年轻人身上，希望电影界赶快复兴起来。"这段话得到两位主演的认同，纷纷鼓掌。在回忆已逝的陶金导演拍摄现场时的故事时，女儿陶白莉称父亲在现场对自己很严厉，潘奕霖表示："其实是爱之深，责之切。"陶白莉一边流泪一边表示认同。

（三）亲切自然

播音学泰斗张颂在《播音创作基础》中提出，播音语言应具备亲切感，亲切感最基本的效果就是使人愿意接受。《流金岁月》中的被采访者多数是潘奕霖的前辈，要打开他们的心扉，要具备亲切感；《我，来自广院》中都是他的朋友、同学甚至室友，因此彼此的距离更近、关系更亲密，采访时更少客套，更多亲切，甚至相互调侃。

叶蓉在采访中给潘奕霖看家人最新的照片，分享了一些和家人在一起的仪式感和乐趣，还直言让潘奕霖一定要把自己会打排球的事写进书里，因为她女儿不相信她会打排球。康辉在采访中调侃潘奕霖称，如果他做《流金岁月》会比潘奕霖做得更好。

---

① 任千千：《CCTV6：主持人的故事》（上），《大众电影》2013 年第 23 期。

二、表达策略的确立

潘奕霖主持时的表达策略，基于主持风格的形成之上，具体体现为高效简洁、善于沟通和真诚表达。

（一）高效简洁

主持人在访谈中的语言应尽量言简意赅。如果过于冗长烦琐，不仅使得过程拖沓，更是让受访者不易理解，阻碍沟通和交流。在每一次节目前，潘奕霖要采访什么、怎么采访、受访者会如何回答等，他都要有一定的了解和准备。在访谈录《我，来自广院》中，受访者都是他的同行、同学甚至室友，彼此熟悉不过，很多在电视节目中采访的客套话等甚至可以省略。

采访凯叔（王凯）时，两人一见面潘奕霖就直入主题——平时的工作内容和安排，省略了大量的寒暄和引导。并且很多时候潘奕霖只需要问一个简单的问题，甚至几个词，凯叔就能明白问题的关键。如问："《凯叔三国演义》是完全按照小说来播？"王凯从第一次给女儿讲《西游记》说起，一直聊到《凯叔三国演义》的初心、内容、特点、意义等。潘奕霖无须再提示《凯叔三国演义》的其他要点。

（二）善于沟通

采访的关键是与采访者的沟通。沟通不仅是采访者专业素养的体现，也展现了文化素养、反应能力等各方面。在电视节目中与《流金岁月》栏目共同成长的 18 年里，潘奕霖和多位老艺术家成为朋友，是他们很多人都认可的、值得信赖的主持人。但即便如此，《演员》

是一部纪录电影,与老艺术家们此前接触过的谈话节目大不相同。且作为演员,他们对于"电影"这一形式更是敏感和珍惜。因此,潘奕霖需要多次与老艺术家们进行沟通交流。对演员,作为导演的潘奕霖需将电影主题和内容等进行阐释;对受访者,作为主持人的潘奕霖应做到具体阐释采访相关信息。例如为纪录电影《演员》采访田华过程中,潘奕霖多次被拒绝,但他并未放弃,不仅常常看望田华,还说服了田华的家人,最终田华同意出现在该片中。

(三)展现真实

在受众心中,不同的主持人具备不同的魅力,而这种魅力都建立在真实的基础上。真实让人感到真诚、感动。

在《佳片有约》中,潘奕霖除了作为主持人,同时也和其他嘉宾一样,作为"影评人"共同审视电影,因此,他会在节目中表达自己的真实评价,甚至提出电影的不足之处。2018 年 6 月 3 日影评版节目中,潘奕霖与三位嘉宾共同探讨自然电影《地球四季》。潘奕霖提出,很多人都认为导演在电影中的说教成分太重;媒体人王曦梁表示很理解该做法;电影学者沙丹却称如果旁白(说教)少一些,影片会更高级;中央戏剧学院教授高雄杰说该片也许并不成熟,但更重要的是它的意义。最后,潘奕霖总结道,无论如何该片导演需要这样一部影片进行收尾和终结,并以祝福结束该期节目。

主持人的真实表达,有时候体现在语言上,但也体现在其他非语言中。纪录电影《演员》中并非所有演员都以受访者的状态接受访谈,如拍摄秦怡时她正在住院,身体状况极差也不利于采访,于是访谈变成秦怡在病房内的真实记录,潘奕霖作为主持人只是与其寒暄。拍摄于蓝时，恰逢她在自家楼下的小河边散步，于是潘奕霖正好记录下这一幕。作为主持人，潘奕霖并未露面出声。正是由于这些真实，让人感触、感动，达到"此时无声胜有声"的效果。

三、业务场域的拓展

潘奕霖的主持风格和表达策略，不仅体现在电视节目中，也体现在其他场域中，如纪录电影《演员》和访谈录《我，来自广院》，以及入行第一站中央人民广播电台国际部《环球信息》。

正如潘奕霖所说："在《演员》中，我以导演的身份向他们提问，并且用我的视角捋出了他们每个人的艺术轨迹。其实最终还是主持人的一个功力在。貌似是导演的提问，但是其实是 20 多年与老艺术家的接触，以及主持人这个职业带给我的一种与他们沟通的能力，所以我仍然是主持人，只是不在电视节目里。"而对于访谈录《我，来自广院》，他认为该书仍是自身作为主持人的成果和作品，只不过以图文并非影像的方式呈现。

第二节　"他"不只是主持人，还是编导和制片人

"采编播"一体化已成为主持人应具备的基本素质，"全能型"主持人——集编导、制片、主持等为一身更是主持人难能可贵的品质和时代的趋势。而早在 20 世纪 90 年代，潘奕霖担任《流金岁月》主持人两年后，就开始向编导和制片人方向转变和融合。在《佳片有约》

中，也同样以制片人的身份直接接手。本节将他在两档栏目中，作为编导和制片人所进行的改变及特点进行整理。

一、节目形式的延续和改变

在节目形式上，潘奕霖将两档节目类型和结构稳定下来，并对时长进行了严格把控，在融媒体时代下，播出和表现形式也有所变化。

（一）精确节目时长

节目时长的精确和改变使得节目整体结构更加清晰和完整。节目结构需要考虑节目的整体形式和内部构造。整体形式要使节目层次分明；内部构造应使各个环节的转换和过渡自然连贯。①

1996 年，《流金岁月》在电影频道开播。最初，节目形式为以某部老电影为每期主题，主持人开场介绍 5 分钟，随后播放该电影。据潘奕霖口述，第一期节目是在中国电影资料馆放映厅录制的《祝福》，嘉宾为管宗祥；1998 年，潘奕霖担任节目编导和制片人后，对节目进行第一次改版，调整为 10 分钟电影纪实节目；2000 年调整为 15 分钟的专题节目；2004 年改版为每期 40 分钟的谈话类节目。

最初，节目仅是邀请嘉宾简单介绍电影，将重点放在节目后的电影放映上，潘奕霖的工作就是在 5 分钟时间内引出嘉宾并与之简单对话。2004 年，潘奕霖对《流金岁月》的整体结构进行整合后，将节目形式改为以谈话为主、电影播放为辅的 40 分钟电影谈话类节目。

---

① 高晓虹：《电视编导实务》，中国传媒大学出版社 2013 年版，第 81 页。

对于《佳片有约》，潘奕霖做了两次改版。第一次是 2010 年，将节目从 7 分钟的推介改为 20 分钟的影评。第二次是 2011 年，将节目分为周六推介版和周日影评版两部分，时长分别为 9 分钟和 19 分钟，至今延续这一形式。

（二）明确节目类型

时长的改变带来节目类型和板块的变化。如《佳片有约》从 2010 年以前单一的主持人介绍，到第一次改版后，每一期邀请一位主持人或演员等作为嘉宾主持，先对影片进行简单介绍，再邀请 1—2 位影评人对电影进行点评。至此，《佳片有约》不仅局限于对电影的深度报道，还具备谈话节目特质。但两种类型混合在一起，使节目类型不够清晰。2011 年，节目正式改版为两部分，并分别于周六和周日播出。在周六推介版中，嘉宾主持仅需对该期影片进行 9 分钟介绍，随后播放影片正片；周日影评版中，主持人基本固定，由潘奕霖、蒋小涵、瑶淼、蓝羽等轮流担任，并邀请 3—4 位专业影评人对该片进行点评，节目类型清晰明了。

（二）整合大屏小屏

随着新媒体的崛起和受众主体意识的加强，大数据时代下仅靠传统电视平台已无法吸引受众的注意。2009 年 8 月，"新浪微博"推出内测版后，2010 年 12 月 24 日，《佳片有约》注册并发布第一条微博，内容为"今晚大家怎么过？"粉丝立刻围观评论，并表示想来参加节目。这样直截了当的互动方式在此前的节目中并不存在，观众只能在电视机前观看节目，想要参与现场录制几乎不可能。尔后，微博平台上不仅发布节目预告、粉丝互动等，还会发布招聘公告。截至 2020 年 11 月 17 日，《佳片有约》新浪微博官方账号粉丝数已突破 14 万。

2014 年 11 月 18 日，《佳片有约》注册微信公众平台并发布第一篇节目预告文章。2019 年 10 月 28 日，通过微信公众号发布官方微信粉丝群，如今粉丝群人数已达到 412 人。在粉丝群中定期征集优秀影评、发放粉丝福利等，让粉丝充分参与到节目中。

2019 年 11 月 20 日，随着央视频的正式上线，《佳片有约》也正式入驻央视频并持续发布节目预告和正片。在中央广播电视总台的推动和扶持下，如今发布视频 1236 个，累计播放量 27.2 万次。

2020 年年底，潘奕霖也开始打造自己的抖音账号，将《流金岁月》中的经典片段和与老艺术家们的故事以短视频的形式在抖音中进行放送。

二、节目内容的选取与表达

节目形式和类型的不同，带来节目内容的选取与表达的不同。

（一）选题原则

节目选题，可以起到牵一发而动全身的作用，在电视节目多年的发展中具体的拍摄制作等流程都是从选题开始的。在选题上，《佳片有约》和《流金岁月》遵循着不同的原则。

在《流金岁月》中，选题一般都是国内的老电影，并邀请主创人员分享荧幕前后不为人知的故事。而对于探讨外国电影的《佳片有约》，一般有实时热点或重大事件发生之时，节目会选取相关电影作为选题。2019 年国庆档电影《中国机长》上映后引发强烈反响，10

月 18 日，节目选取"俄罗斯版中国机长"——《火海凌云》作为当期选题。2019 年 5 月 19 日亚洲文明对话在北京开幕，亚洲影视周在国内如火如荼进行着，5 月 18 日当期节目选取来自东南亚泰国影片《天才枪手》作为选题。2020 年 1 月 6 日，中国与博茨瓦纳建交 45 周年，2019 年 12 月 21 日一期节目中的选题则为博兹瓦纳传记电影《联合王国》，带领观众一起认识这个国家和历史。作为电影频道的王牌栏目，22 年来《佳片有约》还一直秉持着选题要传播主流思想和正能量的原则。如揭露社会黑暗的《小偷家族》、关注青少年成长的《伯德小姐》、梦想照进现实的《神秘巨星》等，无不体现出节目主流的价值观。

（二）话题选择

在话题选择上，《流金岁月》和《佳片有约》也同样具有不同点。话题需要引起主持人、嘉宾和受众之间的共鸣，才能让话题展开，节目顺利进行。

《佳片有约》中，《嗝嗝老师》一期节目潘奕霖开场便提出话题：和老师之间令人难忘的事。现场观众和影评人纷纷举手讲述学生时期和老师之间的故事。

《流金岁月》2014 年 4 月 27 日一期节目，以蒋雯丽为主角，在节目开场潘奕霖将蒋雯丽及其作品简单介绍后，将话题引入蒋雯丽自编自导的电影《我们天上见》，并引出该电影的相关传记《姥爷》等，让受众对她作为妈妈、女儿、孙女等角色产生共鸣。

第三节 "他"不只是主持人，还是作者

2020 年 8 月，潘奕霖出版的访谈录《我，来自广院》，对 10 位优秀主持人进行访谈，潘奕霖发挥着多年谈话节目主持人的功力，但表现的形式和内容仍有不同。

一、写作意图与形式

该作品采用访谈的形式，对 10 位受访者进行一对一采访。他们皆是潘奕霖的同行、同学、朋友，但潘奕霖在其中仍主要以主持人的角色与其交流。

虽与电视栏目中的声像结合形式有所不同，书籍是用文字的形式表达内容，但潘奕霖终究未跳脱出自身谈话主持人的定位，并发挥其 27 年来的主持人功底，与同行们进行了高效的采访。据潘奕霖本人所述："我认为还是就主持人这一个身份，因为现在还是主持人，毕业的时候是电台的主持人，毕业两年以后是电影频道的主持人，现在我还是没有变化，只不过是给你主持人身份又丰富了一些，你是主持人，现在你又做了一个电影；你是主持人，你还出了本书。""别人认为我在跨界，比如说我的书，但是恰恰我聊的还是本专业的；然后我拍电影了，但是电影又是我说的其实也是本专业的"。

二、作品内容与意义

在内容上，潘奕霖将这些在荧幕中闪闪发光的主持人生活中作为普通人真实的一面记录下来，不仅记录了他们的生活、个人爱好，还有他们的成长经历、个人情绪等。如大家熟知又喜爱的康辉，在书中吐露自己考广院播音系是一种偶然，也是赌气的结果；在生活中他热爱戏曲和电影，也总是对自己不自信，甚至工作十年后还对自己感到怀疑；等。这让读者不仅看到受访者作为普通人的一面，也让不同年龄、所处不同阶段的人能从中获得思考和启发。潘奕霖曾表示："希望每个人会从书中去寻找到自己专业上的一些诉求，从各自的经历中去得到自己想要的那一部分东西。"

第四节 "他"不只是主持人，还是导演

2016 年，潘奕霖开始筹备纪录电影《演员》，对 20 余位老电影艺术家进行采访，创作过程历时 5 年。采访虽与此前的谈话节目有相通之处，但作为一名电影导演，也有不同的考量。

一、电影题材与选角策略

潘奕霖认为，应该将自身优势保留并发挥出来，以另一种方式将随着新中国成长起来的第一批老一辈表演艺术家记录下来，并于2016 年最终确定了纪录电影的表现形式。

电影对 20 余位中国老一辈表演艺术家进行采访，包括于蓝、秦怡、田华、于洋、王晓棠、谢芳、牛犇等，并将两位年长的于蓝和秦怡放在影片的开场和压轴部分。

二、电影内容与意义呈现

影片将演员采访实录、主要影视作品、与潘奕霖本人在节目中的交流合作等相结合，既回望和展现出演员本人的作品与成就，又从现实角度进行记录和比对，同时将导演潘奕霖本人与演员之间的关系体现出来。

2020 年 6 月 27 日，于蓝仙逝，享年 99 岁，她人生中最后一次影像资料便是在这部影片中。因此，影片无论对于已逝的于蓝，以及其他老一辈表演艺术家而言，都是宝贵的记录和纪念，也是对他们职业生涯和人生的回望；从受众的角度来说，不仅能让稍年长的受众群体产生共鸣，年轻受众亦能从中了解到老演员们及其魅力，对人生之路进行展望和思考；对演员这个行业而言，将演员真正的素养进行展示，对新一代年轻演员具有一定的思考和反思作用。

第四章　中国电影节目主持人潘奕霖的创作思考

在第三章中，笔者将潘奕霖的创作道路进行梳理。本章将对潘奕霖的创作道路进行思考总结。不仅是潘奕霖对自身创作的思考，对主持人行业乃至媒体行业的从业人员而言，亦可从中取得经验。本章将从存在论、认识论、方法论三方面对潘奕霖的创作道路进行思考总结。

第一节　中国电影节目主持人潘奕霖的创作动力

一、内部动力

在第二章中，笔者就潘奕霖的求学和职业历程进行梳理总结，提出在本科教育阶段潘奕霖就坚定了自身主持人的发展道路。不仅如此，本科四年的教育学习，也成为他作为主持人、编纂访谈录《我，来自广院》的依据和背景。

毕业后，潘奕霖进入中央人民广播电台国际部担任采编播一体的播音员，并获得奖项，不仅让他更加坚定自身成为全面发展的媒体人，也为他在此后的电视节目《佳片有约》和《流金岁月》中作为编导、制片人等的创作打下了基础。

而后，在《流金岁月》节目的 18 年中所相识、相知的各位老电影艺术家，为潘奕霖的电影处女作《演员》的创作起到了决定性的作用。潘奕霖在采访中表示："我在 2016 年左右开始有拍电影的想法，我做了这么多年电影主持人，跟电影、影人打交道这么多年，我自己如果做一部电影的话，我最想拍什么？后来有一天我突然明白了，其实我应该拍摄这些老艺术家，这些随着新中国成长起来的第一批老一辈表演艺术家……"

因此，潘奕霖的教育和每一步的职业经历都为他下一步的创作打下了坚实基础。

二、外部动力

随着新媒体的崛起和受众主体意识的加强，大数据时代下仅靠传统电视平台已无法吸引受众的注意。中国互联网络信息中心发布的第 44 次《中国互联网络发展状况统计报告》显示，截至 2019 年 6 月，我国手机网民规模达 8.47 亿，占网民整体的 99.1%。由此可见，移动网络已成为网民获取信息的主要渠道。2018 年 3 月，原中央电视台、中央人民广播电台和中国国际广播电台三台合并，正式组建更名为中央广播电视总台（以下简称总台）。总台成立后便提出"要在新媒体领域再造一个央视"。2019 年 11 月 20 日，总台基于 5G+4K／8K+AI 等新技术，推出了官方综合性试听新媒体平台——央视频。

随着央视频的正式上线，《佳片有约》也正式入驻央视频并持续发布节目预告和正片。在总台的推动和扶持下，发布视频 1236 个，累计播放量 27.2 万次，粉丝 3732 人。如今，潘奕霖也注册了自己的抖音号，粉丝数达到 2.3 万，视频点赞量超过 15 万次。

传媒生态圈的不断融合和变化，要求媒体人更加复合和全面。对主持人而言，不仅是要打造"采编播"一体的主持人，更要打造"精专尖"的专业主持人，同时，传媒人之间相互跨界亦不再是个例。

第二节　中国电影节目主持人潘奕霖的创作方法

本节将潘奕霖的创作道路进行方法论总结，以树立原则、明确定位、利用优势、不断突破四小节进行分类梳理。

一、树立原则

潘奕霖从业以来，就坚持以主持人为核心的原则。

潘奕霖表示："我认为还是就这一个身份。毕业的时候是电台的主持人，两年以后是电影频道的主持人，现在我还是，所以说就没有变化，只不过是给主持人身份又丰富了一些。既是主持人，现在又做了一个电影，又是主持人，还出了本书。"

二、明确定位

树立以主持人为核心的原则后，更要明确自身的角色定位，"我"是什么类型主持人，"我"要做什么。

1995 年，潘奕霖进入电影频道《流金岁月》后，便开启了电影节目主持人之路。在 26 年内，潘奕霖不仅明确了自身作为电影节目主持人的定位，更是以编导、制片人等多重角色将电影节目《流金岁月》和《佳片有约》打造为电影频道王牌经典节目。

三、利用优势

作为广院 89 级播音班的学生，潘奕霖不仅利用自身播音主持专业的优势，还与自己在广院相识相知的同学和朋友们进行了一场访谈交流，并整理为访谈录《我，来自广院》。

作为《流金岁月》的主持人、编导和制片人，潘奕霖将在节目中所积累的资源和优势相结合，拍摄了以新中国第一代电影艺术家为主题的纪录电影《演员》。

四、不断突破

潘奕霖利用自身优势和资源出版了访谈录、拍摄了纪录电影，丰富了自己的职业和人生。

同时，潘奕霖将节目平台进行拓展，央视频、微博、微信、抖音等平台都能看到他的节目《佳片有约》；潘奕霖也打造了自己的抖音账号，在抖音里分享与老电影艺术家们的故事。

第三节　中国电影节目主持人潘奕霖的创作意义

一、传承经典

在《流金岁月》和《演员》中，受访者都是老艺术家，他们出演过的作品多数为经典老电影，因此，无论是以电视节目还是电影的形式，对于经典老电影和老艺术家们的艺术观念等都起到了传承的意义。

（一）经典电影

在节目和电影中，有大量经典电影片段，不仅向受众传递拍摄背景、社会时代、拍摄手法等电影技术和内容，更是将经典电影代代相传，让一代又一代年轻人都能熟知。

（二）经典观念

通过电视节目和纪录电影的方式，将艺术家们拍摄电影背后的故事、艺术观念和信仰等进行传达，对后生予以思考和启发。例如李小龙在《流金岁月》中提到，自己在拍摄《少林寺》之前屡遭失败，在民间学习武术半年，之后才进入拍摄环节；称拍戏过程中某个镜头拍摄四五十遍很正常，还常拿成龙拍某个镜头拍了 107 遍调侃自己拍的还不够。这些"坚韧""专业"等观念的输出，无论是对普通受众还是年轻演员而言，都有参考价值和借鉴意义。

二、传递情感

在潘奕霖的所有创作中，都饱含了自己对采访对象真诚的关怀，也鼓励受访者表达自己真实的情感和感受，共同将这些情感传递给受众。

在《流金岁月》中，潘奕霖向电影主创人员挖掘电影背后的故事，和他们聊自己拍摄电影期间的真实感受，让人动容。在《演员》中，拍摄各位老艺术家时，潘奕霖多次拜访，关心老人们的身体和病情。

三、传达态度

艺术作品要传递出创作者的观点和态度。在《流金岁月》中，嘉宾们为节目带来影片背后的故事，传达做演员和拍摄电影需要的基本要求和素养等。

如果说《流金岁月》中各嘉宾表达态度的方式较为隐晦，那么在《佳片有约》中，该意义则直接明了。专业影评人直接在节目中传达对当期电影和主题的观点和态度，访谈录《我，来自广院》中，10位主持人分别讲述自己的求学故事、人生经历等，向受众传递对职业、生活、人生的态度。在纪录电影《演员》中，老艺术家们历经风华，90岁高龄仍对生活充满好奇，不禁让受众感到他们对人生的积极态度。2016年，95岁的于蓝每天在家看《参考消息》，与潘奕霖大谈国际局势和当代政治；2017年95岁的秦怡完成电影《青海湖畔》的拍摄，她同时担任了编剧和主演。

结　论

本文基于过往文献对创作道路的基本要素进行了归纳总结，并提出了文献中存在的不足，从存在论、认识论和方法论三方面进行了探讨，弥补了此前方法论上的空缺。

过往文献对节目和主持人的分类方式较为杂乱，本文综合文献，并进行了现实意义上的考究，将主持人进行了科学的类型化区分，同时指出了中国电影节目主持人在其中的位置。

本文对中国电影频道中的首位节目主持人潘奕霖的主要节目，按照时间顺序进行了梳理，而后分析了潘奕霖的创作特色，将各节目的内容和形式等多方面的特点也进行了一一分析比对，并在此基础上，将潘奕霖的创作思路和特色归纳、总结为属于他的方法论，为以后的中国电影节目主持人提供一些参考价值。

本文虽同时采用多种研究方法，但仍有不足之处。由于自身能力以及时间限制，导致研究结果存在着一定的局限性。另外，本文在理论和应用方面还存在很大的研究空间，建议相关学者在今后的研究中做更为深入的探讨。

参考文献

1. 任千千：《CCTV6：主持人的故事》（上），《大众电影》2013 年第 23 期。

2. 高晓虹：《电视编导实务》，中国传媒大学出版社 2013 年版。

3. 张颂：《播音创作基础》，中国传媒大学出版社 2003 年版。

4. 胡正荣：《传播学概论》，高等教育出版社 2017 年版。

5. 彭兰：《网络传播概论》，中国人民大学出版社 2017 年版。

6. 顾俊：《萧红的创作道路和作品创作研究》，《辽宁经济职业技术学院》（辽宁经济管理干部学院学报）2019 年第 5 期。

7. 李贞、王福生：《访谈节目主持人的同理心》，《成人教育》2012 年第 32 期。

8. 吴娟：《陈怡的音乐创作道路》，《岭南音乐》2019 年第 2 期。

9. 周新民：《论刘醒龙的小说创作道路》，《中国现代文学研究丛刊》2017 年第 1 期。

10. 郭君臣、张莉：《论吴念真的创作道路》，《理论界》2015 年第 9 期。

11. 李京盛：《坚持一条正确的创作道路》，《文艺报》2015 年 8 月 6 日。

12. 邱雪玫：《主持人用语"简洁"再认识》，《新闻爱好者》（上半月）2008 年第 1 期。

13. 贾元元：《电视访谈节目主持人的角色定位》，《新闻采编》2020 年第 6 期。

14. 李雪：《论电视访谈节目主持人话语倾听技巧的重要性》，《卫星电视与宽带多媒体》2020 年第 14 期。

15. 杜芳：《人文关怀：电视访谈节目主持人的立足之本》，《当代电视》2012 年第 12 期。

16. 张玉平：《浅谈访谈类节目主持人的倾听艺术》，《山西师大学报》（社会科学版）2012 年第 S3 期。

17. 苗阳：《谈电视访谈节目主持人的共情能力》，《新闻界》2011 年第 3 期。

18. 辛允香：《电视访谈类节目主持人必备三要素》，《当代电视》2011 年第 4 期。

19. 史加辉：《论访谈节目主持人的言语策略》，《新闻爱好者》（上半月）2010 年第 5 期。

20. 姚军：《论访谈节目主持人的必备素质》，《新闻界》2009 年第 5 期。

21. 卫宁、周磊：《浅论电视访谈类节目主持人的采访艺术》，《中国电视》2005 年第 6 期。

22. 罗岩：《论谈话类节目主持人的风格》，《新闻传播》2019 年第 17 期。

23. 闫晓娜：《浅析新媒体时代主持人风格塑造》，《中国报业》2019 年第 6 期。

24. 邹晓：《浅析新媒体背景下访谈节目主持人的转变》。

25. 姜壮、蒋赟霖：《浅谈主持人风格与受众心理感觉》，《大众文艺》2016 年第 24 期。

　　26. 张蓉：《节目主持人的编导意识》，《西部广播电视》2019 年第
20 期。

　　27. 罗焘焘：《编导型节目主持人培养方式的思考》，《电视指南》
2018 年第 10 期。

　　28. 栗宇坤：《综艺节目主持人运用编导意识对节目的作用》，《新
闻研究导刊》2015 年第 8 期。

　　29. 张峻峰：《论广播电视编导制作与主持能力的统一》，《环球人
文地理》2014 年第 14 期。

　　30. 唐明娟：《浅析编导型主持人的培养》，《新闻研究导刊》2014
年第 6 期。

　　31. 宋海荣：《论从传统型主持人向制片人型主持人的发展》，《传
播力研究》2018 年第 12 期。

　　32. 杨天东、王妍如、陶海：《潘奕霖：想拍惊险片的电视人》，
《电影》2014 年第 1 期。

　　33. 王柳絮：《电影类电视节目口语传播方式研究》，《西部广播电
视》2020 年第 1 期。

　　34. 郭紫慧：《中外电影评论类节目对比分析》，《传播力研究》
2019 年第 23 期。

　　35. 梁阿龙：《电影导演对影片整体建构的思考》，《传媒论坛》
2021 年第 3 期。

　　36. 潘军：《〈流金岁月〉节目主持定位策略探析》，《现代传播》（《中
国传媒大学学报》）2009 年第 3 期。

　　37. 潘军：《〈流金岁月〉节目主持定位策略——电影频道〈流金

岁月〉节日主持文化探寻》，《艺海》2009 年第 4 期。

38. 王娴娴：《电视谈话节目主持人沟通技巧探析》，《传媒论坛》2020 年第 23 期。

39. 王彤阳：《引导与控场：谈话类节目中主持人作为意见领袖的"双重奏"》，《西部广播电视》2020 年第 12 期。

40. 徐舫州：《电视节目类型学》，浙江大学出版社 2006 年版。

（本文为作者王金金的硕士毕业论文，指导教师成倍。

经王金金授权，作为本书的附录）

后　记

《流金岁月》《演员》和我

关于拍摄纪录电影《演员》，我有很多话想说，却又不知从何说起。

我从 1996 年开始主持《流金岁月》栏目，这个栏目名是我取的。我是《流金岁月》的主持人，后来又成为编导，成为制片人。有时无意中，我也会跟一些人或事扯上说不清的关系。我跟《流金岁月》一样，直到现在我才发现，做《流金岁月》栏目的那段时光，是如此有意义。

2014 年栏目暂时停办，我专心投入到《佳片有约》栏目的制作中。但是我见到的每一个人，无论是同事，还是我曾经采访过的这些老艺术家和他们的亲属，以及各行各业的观众，都会告诉我，《流金岁月》没了实在太可惜。你为什么不再继续做《流金岁月》了？

于是有一天我萌生了一个念头，我想拍摄一部浓缩版、电影版的《流金岁月》。这就是这部电影诞生的初衷。我想也许这样一部作品可以让所有从前热爱《流金岁月》这个电视栏目的朋友有所满足，也让我自己对从事了 18 年的节目做出一个总结。

想法诞生了，但是怎么拍？如何拍？什么时候拍？谁来投资拍摄等，都成了问题。这就是为什么，到 2021 年这部电影公映为止，它实际上经历的时间足足有 5 年。如果再加上头脑中的构思和策划，可以说是 6 年，甚至 7 年的时间。

今天，当我再次看完这次的修改版影片，即使这是我和剪辑师已经无数次看过的内容，但我依然会被影片中的多处场景所打动。我很自信，这是我人生中非常重要而优秀的一部作品。是时候把它交给大众，让观众去评判了。这就是我的初心。

关于《演员》，我个人认为这部纪录片在当下也有一定的现实意义。因为在当今我们的演艺圈中，客观来说存在一些现象，究其根本，就是演员的道德与职业道德。这样的现状让我觉得，当我看到这些老前辈们的作品，听他们讲述拍摄经历的时候，现在的一些人确实不配称得上"演员"二字。很多人可能在一部作品中饰演了某个角色，甚至也让观众知晓了名字，但在我看来，你到底是一个演员，还是仅仅是一个偶像或者流量明星？这是存疑的。那么什么样的人是真正的演员呢？

我由衷觉得这部纪录片中的这批艺术家们称得上是真正的演员，他们当之无愧。当然我觉得中青年演员中也有很多人像他们一样敬业、优秀，也许他们才能称得上是演员。所以说，貌似这部影片仅仅是展现艺术家们对艺术的追求，但实际上我觉得对于当下，无论是演艺生态抑或其他，也许是很有意义的。他们用一生的精力和电影事业碰撞交融，让年轻的观众了解到在我父母那一辈，甚至爷爷奶奶那一辈，他们曾看过他们的作品。对于我们这个年龄段，小时候就看过他们电影的人，这部电影真的是一次怀旧的洗礼。

所以我希望很多人在 2021 年能够去看这部电影，去近距离地感受它。令人遗憾的是，影片中的于蓝老师于 2020 年去世，以 99 岁的高龄离开了我们。我无论作为《流金岁月》栏目的创始人也好，还是主持人也好，能够用电影的方式记录下她最后的影像，我觉得这是非常有意义和值得纪念的，也算少了一份遗憾。当我和剪辑师将近四个月在机房里工作时，看到在整个大银幕上她的轮椅缓缓靠近观众的时候，那一刻你会在心中生发出一种难以言明的震撼。一位那样的长者，缓缓而来，风吹动了她银白的头发，我觉得这种东西就是电影语言独有的魅力。我相信每个人看到这个场景都会在内心有不同的持续和延展。

做这部纪录电影给了我一个更大的收获，我似乎找到了我未来要从事的方向——做纪录片或许就是我未来的发展方向。

从一个电视台的主持人到一个纪录电影导演的这种转型，别人可能认为跨界很大，其实如果你了解这一切，就会发现二者之间有互通之处，一切是如此紧密地交融在一起。我发觉自己在拍摄那些感兴趣的人和事的时候，是如此得心应手，这是我没有想到的。而且在这几年与电影专业人员合作的过程当中，我也发现电影的拍摄，与电影栏目拍摄之间的极大不同。但是那种永恒的深刻的东西，那些精神层面的东西是完全相通的，这很有意义。

两种身份转换的背后，是长久以来我天天接触的这些电影界德艺双馨的前辈们对我潜移默化的影响。以于蓝老师为例，我第一次见她是 1993 年，一直到我 2018 年去拍摄她的时候，我和这一批中国电影的传奇人物相知相识已有 25 年的光阴。这 25 年间，我从他们身上汲取了丰厚的营养，老艺术家们的言传身教令我受益匪浅，正是这些宝贵的经历使得我能跟他们感同身受。可以说，没有这些宝贵经历和精神财富就不会有这部纪录片的诞生。他们影响了我，让我思索。

在这部纪录片的拍摄过程当中，我得到了很多人的帮助。在这里我也向他们表示最衷心的感谢。因为篇幅所限，我也不可能一一列举他们的名字，但是所有为这部纪录电影提供了真挚、热心帮助的人，我会永远记住你们每一个人。

同时我要致歉的是，还有很多演员参加了这部影片的拍摄，他们都有很好的阐释与讲述，但是因为篇幅的原因，作为导演的我不得不忍痛割爱，非常抱歉。

前不久我开了一个抖音，我并没有刻意去经营它，但是很多《流金岁月》的观众在上面看到我之后都很惊喜。他们问了我很多情况，也直言几年不见，今天的潘奕霖为什么看起来历经沧桑？也就是问我为什么老了这么多？我想说的是，每个人都会变老，每个人都有自己的流金岁月。这20年来，我陪伴着这一辈电影艺术家，看他们渐渐变老，自己也在变老，这是生命的常态。由此我更相信，只要你在自己的人生当中，努力过、奋斗过，曾经有过一段精彩的岁月，有过一段无悔的时光，那就足够了。

有时我很难相信时间已经过去了这么久，但事实上它就是如此。在未来的岁月里，当我们回顾这一段经历，回望这一段时光，也许又会觉得这是最美的时光。还是那句话：做好今天的自己，过好你此刻拥有的每一天。

感谢人民出版社编辑王萍、北京电影学院教师谢辛、中国传媒大学研究生郝杕对本书的贡献。本书的图片与艺术家小传由电影研究者余泳搜集与整理，在此表示深深的谢意。

让我们共勉。

潘奕霖

2021年1月于北京

责任编辑：宫　共
封面设计：林芝玉
版式设计：汪　莹

图书在版编目（CIP）数据

演员／潘奕霖　著．—北京：人民出版社，2021.7
ISBN 978－7－01－023330－7

I.①演…　II.①潘…　III.①电影演员－生平事迹－中国－现代
　IV.① K825.78

中国版本图书馆 CIP 数据核字（2021）第 063978 号

演　员

YANYUAN

潘奕霖　著

人 民 出 版 社 出版发行
（100706　北京市东城区隆福寺街 99 号）

北京盛通印刷股份有限公司印刷　新华书店经销

2021 年 7 月第 1 版　2021 年 7 月北京第 1 次印刷
开本：710 毫米 ×1000 毫米 1/16　印张：17.75
字数：213 千字

ISBN 978－7－01－023330－7　定价：50.00 元

邮购地址 100706　北京市东城区隆福寺街 99 号
人民东方图书销售中心　电话（010）65250042　65289539